멈출수록 관계가 살아나는 말 심리

멈출수록 관계가 살아나는 말 심리

내가 쓰는 말은
내가 살아온 방식이다

"너는 원래 그런 애잖아."

이 여섯 글자가 10년을 끝냈습니다. 진료실에 들어온 그녀는 스물여섯이었습니다. 눈 밑이 어두웠고, 손가락으로 핸드백 끈을 쉴 새 없이 비틀고 있었습니다. "원장님, 저 우울증 같아요." 첫마디였습니다. 들어보니 우울이 맞았습니다. 다만, 그 우울의 진원지가 병이 아니라, 말 한마디였습니다.

고등학교 때 만난 친구가 있었다고 합니다. 수업이 끝나면 매일 같이 등하굣길을 걷고, 대학에 가서도 새벽까지 통화를 하고, 첫 직장의 떨림과 첫 이별의 눈물을 나눈 사이였습니다. 10년. 사춘기부터 청년기까지 어른이 되어가는 과정을 통째로 나눈 사이였습니다. 어느 날 사소한 의견 충돌이 있었습니다. 무엇 때문이었는지는 그녀도 정확히 기억하지 못했습니다. 그러나 그 순간 친구의 입에서 나온 말은 또렷하게 기억하고 있었습니다. "너는 원래 그런 애잖아."

욕이 아니었습니다. 손가락질도 아니었습니다. 어쩌면 사실에 가까운 말이었을 수도 있습니다. 하지만 그 말은 10년 동안 자기가 믿어온 우정의 밑바닥을 한 번에 뒤집어버렸습니다. '원래 그런 애'라는 말속에는 이런 뜻이 들어 있었습니다. 나는 너를 10년 동안 지켜봤고, 너는 변하지 않았고, 앞으로도 변하지 않을 것이며, 나는 그걸 감수하고 있었을 뿐이다. 10년의 모든 이해와 격려가 사실은 체념이었다는 선고문. 그녀는 그 뒤로 친구에게 연락하지 않았습니다. 친구도 연락이 없었습니다.

문제는 그다음이었습니다. 친구 한 명과 멀어진 것으로 끝나지 않았습니다. 그 말이 마치 주문처럼 다른 관계에까지 스며들기 시작했습니다. 직장 동료가 '너답다'라고 가볍게 말할 때, 그녀의 귀에는 "너는 원래 그런 애잖아"가 들렸습니다. 선배가 "너는 좀 그런 면이 있어"라고 할 때, 몸이 굳었습니다. 비슷한 말투만 느껴져도 심장이 빨라졌습니다. 친구 한 명의 말 한마디가, 타인 전체에 대한 불신으로 번져간 것입니다. '결국 모든 사람이 나를 그렇게 보고 있었구나'라는 생각에 관계를 맺는 일 자체가 두려워졌습니다.

더 깊은 곳에서는 다른 일이 벌어지고 있었습니다. 그 말이 바깥을 향한 불신에서 멈추지 않고, 안으로 파고들었습니다. '원래 그런 애'라는 문장이 타인의 평가에서 자기 정체성으로 자리를 바꿔버린 것입니다. "나는 원래 이런 사람이야. 바뀌지 않아. 바뀔 수 없어." 친구의 말이 어느새 그녀 자신의 말이 되었습니다. 누가 칭찬을 해도, 누가 인정을 해도, 자기 안에서 먼저 반박이 올라왔습니다. '아니야, 나는 원래 그런 애니까.' 한마디 말이 자기 예언이 되었습니다. 그녀가 자기 자신에 대해 갖고 있던 믿음을, 안쪽부터 조용히 잠식해 들어가고 있었습니다.

말 한마디가 사람 하나를 이렇게 바꿔놓을 수 있다는 것. 저는 진료실에서 그런 장면을 수없이 봐왔으면서도, 매번 그 파괴력 앞에서 잠시 멈추게 됩니다. 솔직하게 말하겠습니다. 저도 그런 말을 한 적이 있습니다. 정신건강의학과 전문의라는 타이틀이 일상의 말실수를 면제해주지는 않습니다. 진료실 안에서는 한마디 한마디를 저울에 올려놓듯 조심하면서, 진료실 밖에서는 너무 쉽게 말을 꺼내버린 적이 있습니다. 가까운 사람에게 "네가 좀 예민한 거 아니야?"라고 말하면서 말이죠. 그 순간에는 제가 객관적인 관찰을 했다고 생각했습니다. 하지만 상대에게는 '너의 감정은 과잉이야'라는 판결문이었을 겁니다.

저는 어느 지방 도시에서 자그마한 정신과를 운영하고 있습니다. 작은 동네라 환자분을 영화관에서도, 백화점에서도 만나고, 가끔은 아이 학교 행사에서도 마주칩니다. 이런 환경에서 살다 보니 알게 됐습니다. 제가 한 말이 진료실 안에서만 머물지 않는다는 것을, 제가 뱉은 말이 그 사람의 일상 속에서 계속 살아 숨 쉰다는 것을요.

20년 넘게 진료하며 만난 사람들의 이야기를 듣다 보니 공통점을 발견했습니다. 그들을 아프게 한 것은 대부분 주먹이 아니라, 말이었습니다. 그것도 아주 평범한 말. "네가 뭘 안다고. 됐어, 내가 할게. 별일도 아닌 걸 가지고." 이런 문장들이 수십 년이 지나도 환자의 마음 안에 살아 있는 것을 봅니다. 최초의 화자는 이미 그 말을 잊었을 텐데, 들은 사람의 몸 안에서는 아직도 그 말이 울리고 있습니다.

그런데 문득 반대의 기억 하나가 떠오릅니다. 첫 책을 쓸 때였습니다. 원고 파일을 열어놓고 첫 문장만 쓰다가 닫기를 반복하고 있었습니다. 인지도가 없는 일개 정신과 의사가 쓴 글을 누가 읽겠나. 그때 첫 책을 함께 만들어주신 출판사 대표님이 이렇게 말씀하셨습니다. "전 원장님은 대작가가 될 거예요."

그 말이 사실인지는 아직도 모르겠습니다. 하지만 글을 쓰다 막힐 때마다, 이 원고를 접어야 하나 싶을 때마다, 그 한마디가 등을 밀어주었습니다. 꾸역꾸역 써왔습니다. 그 말이 아니었으면 지금 이 책은 세상에 나오지 못했을 겁니다. 한마디가 제 안에서 하나의 가능성으로 살아남았고, 그 가능성이 저를 여기까지 끌고 왔습니다.

나쁜 말만 사람 안에 사는 것이 아닙니다. 좋은 말도 삽니다. 다만 나쁜 말은 시끄럽고, 좋은 말은 조용합니다. 그래서 우리는 좋은 말이 자기 안에 살고 있다는 것을 잘 모릅니다. 좋은 말도, 나쁜 말도 결국 누군가의 입에서 시작되어 누군가의 귀에 도착합니다. 그런데 과연 제대로 도착하고 있을까요. 우리는 정말 서로의 말을 '듣고' 있는 걸까요.

이것이 이 책의 출발점입니다. 내 해석을 쏟아내는 것을 잠깐 멈추면 됩니다. 그 멈춤의 순간에 비로소 상대의 말이 나에게 도착할 틈이 생깁니다. 이 책은 말의 기술에 관한 책이 아닙니다. 말 앞에서 멈추는 연습, 나 자신을 정직하게 들여다보는 연습에 관한 책입니다. 왜 말만 하면 어색해지는지, 왜 진심이 상처가 되는지, 왜 솔직함이 무례함으로 읽히는지 그 질문에서 시작해서 결국 말이 나를 말한다는 발견에 이르기까지의 과정을 함께 걸어보려 합니다.

차례

1장

의도와 결과 사이의
사각지대 탈출하기

말은 의도가 아니라
결과로 판단된다

"그런 의도가 아니었어."

이 한마디에 얼마나 많은 관계가 멈춰 섰을까요. 우리는 이 짧은 말로 자신을 보호하고, 상대방의 아픔을 지우고, 때로는 무거운 책임에서 도망치려 합니다. 진심 어린 조언이라고 생각했던 말이 상대에게는 비난처럼 다가왔고, 친밀감을 나누고자 건넨 농담이 무례하게 느껴졌습니다. 상대를 돕고자 했던 선의조차 간섭이라는 오해를 샀습니다. 이렇게 우리의 일상에는 의도와 결과 사이의 미묘한 간극이 끊임없이 생겨납니다.

의사소통에는 본질적으로 채울 수 없는 틈이 존재합니다. 말을 하는 사람은 의도가 명확하더라도 듣는 사람은 그 마음을 직접 들여다볼 수 없습니다. 그저 들려온 말과 미묘한 표정, 몸짓과 같은 비언어적 단서에 기대어 말의 의미를 짐작할 뿐입니다. 이 과정에서 말의 진짜 의미는 말하는 사람의 의도가 아니라 듣는 사람의 경험과 감정에 따라 비로소 완성됩니다.

의미는 수신자가 결정한다, 의도와 결과의 심리학

의사소통 이론가 폴 바츨라빅(Paul Watzlawick)은 소통이란 말하는 사람의 머릿속에서 완성되는 것이 아니라, 듣는 사람의 마음속에서 결정된다고 강조했습니다. 우리는 소통이 단순히 생각을 전달하는 간단한 과정이라고 믿지만, 실제로는 듣는 이의 마음과 경험 속에서 의미를 함께 만들어가는 더없이 복잡하고 섬세한 여정입니다.

심리학의 귀인 이론(attribution theory)을 통해서 이 간극을 더 깊이 이해할 수 있습니다. 사람은 타인의 말과 행동의 원인을 이해할 때, 성격이나 의도와 같은 내적 요인과 상황이나 환경과 같은 외적 요인으로 나누어 해석합니다. 따라서 듣는 사람은 자신만의 경험과 감정, 맥락을 통해 말하는 사람의 진짜 의도를 해석합니다. "너 요즘 힘들어 보여"라는 말을 누군가는 따뜻한 관심과 위로로 느끼는 반면, 누군가는 자신을 향한 미묘한 질책이나 비난으로 받아들일 수도 있습니다.

이러한 해석의 차이는 의사소통의 피할 수 없는 사각지대를 만들어냅니다. 아무리 정성껏 말한다고 하더라도, 말하는 사람과 듣는 사람 사이에는 언제나 이 미묘한 틈이 존재할 수밖에 없습니다. 이것은 단순한 오해나 실수가 아니라 의사소통 그 자체가 가진 본질적인 속성입니다. 어쩌면 우리는 평생 이 간극을 완전히 메울 수 없을지도 모릅니다. 다만 그 간극을 바라보는 태도만큼은 조금 더 세심하고 따뜻해질 수 있습니다.

한국 문화에서의
의도와 결과 불일치

한국 문화 속에서는 의도와 결과 사이의 간극이 종종 더 복잡하고 미묘한 모습을 띕니다. 집단주의 문화 안에서는 '의도'보다는 '말이 불러오는 영향'을 더욱 예민하게 바라보는 경향이 있습니다. 관계의 조화, 상대의 체면을 중시하는 사회에서 말 한마디가 어떤 결과를 낳을지, 그 파장을 깊이 고민하고 신중히 살피는 것이 중요한 덕목으로 여겨집니다.

위계적인 관계에서는 특히나 의도와 결과의 간극이 뚜렷이 드러납니다. 상사가 건넨 가벼운 한마디, "이거 좀 다르게 해볼래?"는 때로 부하 직원에게 "지금까지 네가 한 모든 일이 다 틀렸어"라는 강한 부정의 메시지로 들릴 수 있습니다. 동료의 "아직 그거 안 끝났어? 언제

쯤 가능해?"라는 평범한 질문조차 "너는 너무 느리다"는 능력 평가의 느낌으로 해석될 때가 많습니다. 유교적 전통이 깊이 스며든 한국 사회에서, 위계에 따른 권위는 말 한마디에도 묵직한 무게감을 더해 의도를 넘어서 더욱 강력한 의미를 만들어내곤 합니다.

실제로 진료실에서 만난 30대 직장인 민수 씨의 이야기가 이런 상황을 잘 보여줍니다. 민수 씨는 순수한 마음으로 신입 팀원에게 업무 조언을 했습니다. "이 업무는 이렇게 하면 더 효율적일 것 같아요. 제가 경험한 바로는 그렇더라고요." 하지만 그 선의는 오히려 "지금 네 방식은 틀렸다"는 비판으로 전해졌고, 신입 직원은 위축되고 말았습니다.

민수 씨는 불편해진 관계 속에서 혼란스러웠습니다. "난 정말 좋은 의도로 도움을 주려 했는데, 왜 그렇게 민감하게 받아들이는 거지?" 라고 스스로에게 되물었습니다. 그는 상대의 마음을 제대로 읽지 못한 채 자신의 의도만을 고집했고, 두 사람의 관계는 어색함과 거리감으로 더욱 벌어졌습니다.

가족 간에도 이런 사례는 흔히 발생합니다. 한 아버지가 대학생 아들에게 별 뜻 없이 물었습니다. "요즘 취업 준비는 잘 되어가니?" 아버지는 정말 단순히 관심을 표현한 것뿐이었습니다. 하지만 아들은 그 말을 "왜 아직까지 취업을 못 하냐"는 비난과 압박으로 받아들였습니다. 취업난으로 마음이 조급하고 불안한 요즘 청년 세대의 입장에서 보면 충분히 그럴 수 있는 반응이었습니다. 아버지가 아무리

"난 관심을 가진 것뿐이야"라며 진심을 강조해도, 이미 아들의 마음에 새겨진 불편한 감정은 쉽게 사라지지 않았습니다.

이렇듯 우리의 일상은 의도와 결과의 불일치로 가득 차 있습니다. 관계의 질은 의도가 아니라 결과에 따라 좌우됩니다. 수많은 작은 상호작용이 쌓여 관계가 만들어지고, 그 과정에서 내가 무슨 뜻으로 말했는지보다 상대의 마음에 실제로 남은 감정이 더 중요합니다. 그 감정을 헤아리지 않고서는 좋은 관계를 기대하기 어렵습니다. 그래서 우리는 그 간극 앞에서 자꾸 멈추게 되고, 또 자꾸 다시 다가가게 됩니다.

의도 고집에서 결과 인식으로, 소통의 관점 전환

"난 그런 의도가 아니었어." 이 짧은 말에 집착하는 것은 사실 매우 자연스러운 심리적 반응입니다. 우리는 자신을 '좋은 사람'으로 여기고 싶은 마음에, 자신이 누군가에게 상처를 주었다는 현실을 받아들이기가 어렵습니다. 자기 안의 선한 이미지를 지키기 위해 실제로 벌어진 일과의 괴리를 최소화하려는 본능적인 자기보호가 작동하는 것입니다.

하지만 자신의 의도에만 과도하게 집중하는 것은 결과적으로 상대방의 감정을 무시하는 것과 같습니다. "내 의도는 그게 아니었으니 네가 상처받을 이유가 없다"는 말은 상대의 감정을 부정하고 무효화하는 것이며, 이는 관계의 균열을 더욱 깊게 만들 뿐입니다. 상대방에게 "네가 느끼는 감정은 타당하지 않아"라는 암묵적이고 무거운 메시지를 전달하게 되는 셈입니다.

사실 "의도가 좋았으니까"라는 말에는 묘한 편리함이 있습니다. 그 말 뒤에 숨으면, 내 말이 만든 결과를 직접 마주하지 않아도 되니까요. 하지만 그 편리함이 관계를 갉아먹습니다. 내 말이 빚은 결과까지 내 책임이라고 인정하는 순간, 관계는 비로소 다음 단계로 갈 수 있습니다.

"내가 어떻게 말했느냐"보다 "상대가 어떻게 받아들였느냐"에 먼저 귀 기울이는 것. 쉽지 않습니다. 내 마음이 아무리 선해도, 상대가 실제로 느낀 감정이 관계의 현실이 됩니다. 그걸 두고 내 의도만 설명하려 드는 건 물에 빠진 사람 앞에서 수영 이론을 강의하는 것과 비슷합니다.

메타 커뮤니케이션, 즉 대화에 대해 다시 대화하는 방식이 여기서 도움이 됩니다. "내가 아까 한 말, 너는 어떻게 느꼈어? 내 의도는 이런 거였는데 혹시 다르게 들렸을까?" 이런 말이 어색할 수 있습니다. 하지만 이 어색한 한마디가 대화의 간극을 좁히는 첫걸음이 됩니다.

그런데 진심이 늘 진심으로만 도착하지는 않습니다. 누군가를 가장 위로하고 싶었던 내 진심이 오히려 상대의 마음에 상처를 준 경험, 누구나 한 번쯤은 있을 겁니다. 왜 우리의 진심은 그토록 자주 엇갈리는 걸까요. 그 이야기를 이어가 보겠습니다.

위로에도 예의와
거리가 필요하다

친한 동료의 결혼식에서 오랜만에 옛 친구를 만났습니다. 반가운 마음에 웃으며 물었습니다.

"와, 정말 오랜만이다! 잘 지냈어? 요즘 회사는 어때? 승진 소식은 아직 없어?"

그저 반가움에 그동안 잘 지냈는지 안부를 묻고 싶은 진심에서 건넨 말이었는데, 친구의 표정이 순간 얼어붙는 것을 보았습니다. 뒤늦게 알게 된 사실은, 당시 친구가 회사에서 어려움을 겪고 있었고, 제 '관심'이 오히려 그의 상처를 건드렸던 것입니다.

왜 우리의 진심이 때로 상대의 마음에 상처로 남는 걸까요? 우리는 분명 좋은 의도로 말을 꺼냈지만, 상대방은 우리의 말을 전혀 다른 의미로 받아들이고 맙니다. '나는 정말 좋은 뜻이었는데…'라고 억울해하는 상황이 종종 반복됩니다. 뒤돌아보면 진심으로 말을 건넸지만, 결과적으로 상처를 준 적이 결코 적지 않습니다.

진심이
상처가 되는 이유

이사한 친구의 집에 방문했을 때의 일입니다. 저는 "집이 아담하고 너무 아늑하다. 정리를 정말 잘했네!"라고 칭찬했습니다. 진심으로 작은 공간을 알뜰하게 잘 활용한 친구의 센스를 칭찬한 것이었는데, 친구는 마음속으로 '아, 내 집이 작다고 생각하는구나'라고 받아들였다고 합니다. 나중에 친구가 어렵게 털어놓을 때까지 저는 그 마음을 알지 못했습니다.

진료실에서 환자가 최근 겪은 이혼의 어려움을 이야기할 때, 저는 진심을 담아 "지금 그런 감정이 드는 건 너무나 자연스러운 일이에요"라고 공감을 표했습니다. 하지만 환자는 제가 겉으로 드러난 슬픔만 바라봤고, 그 아래 더 깊숙한 감정, 어릴 적 부모에게 버림받았던 경험에서 비롯된 두려움과 거부감까지 이해하지 못했다고 느꼈습니다. 저는 표면적인 슬픔에만 반응했고, 환자는 진정한 이해를 받지 못한 느낌에 더 상처받았습니다.

심리학에서는 이런 현상을 '의도와 영향의 불일치', '공감의 실패'

라는 말로 설명합니다. 내가 전하고 싶었던 메시지와 상대가 실제로 받아들인 메시지 사이에는 늘 간극이 존재하고, 바로 그 틈에서 상처가 자라납니다.

한 환자는 "이번에는 꼭 잘될 거야, 너무 걱정하지 마"라는 선배의 위로가 오히려 평생의 부담으로 남았다고 합니다. 선배는 그저 격려하고 싶었지만, 환자는 그 말을 "너는 별것도 아닌 일로 걱정하는 소심한 사람이구나"라는 메시지로 받아들였던 것입니다.

언어학자 데보라 태넌(Deborah Tannen)의 연구 역시 이 현상을 잘 설명합니다. 같은 대화를 하더라도 각자가 가진 해석의 틀, 즉 프레임이 다르기 때문에 선의의 말이 전혀 예상치 못한 의미로 전달될 수 있다는 것입니다.

왜 이런 현상이 반복될까요? 몇 가지 이유가 있습니다.

첫째, 우리는 타인의 맥락을 완전히 이해하지 못합니다. 상대가 그 순간 어떤 감정 상태인지, 어떤 경험을 해왔는지, 어떤 민감성을 가지고 있는지 충분히 고려하지 못합니다. 앞서 본 이혼 사례처럼, 현재 보이는 감정 아래 깔린 더 복잡한 감정의 층위를 파악하지 못할 때가 많습니다.

둘째, 선의의 도움 자체가 종종 위계적 관계를 암시합니다. 심리학자 존 고트만(John Gottman)의 연구에 따르면, 요청하지 않은 조언은 "내가 너보다 더 잘 알아"라는 메시지를 담고 있을 수 있습니다.

셋째, 우리는 때로 자신도 모르게 자신의 불안과 욕구를 상대에게

투사합니다. 상대방을 진심으로 위하는 말이 사실은 나의 내면적 불안이나 질투의 반영일 수도 있습니다. "요즘 드로잉 클래스 시작했다면서? 너무 무리하지 마. 취미 생활이 스트레스가 되면 안 되잖아"라는 말이 겉으로는 상대방의 건강을 걱정하는 것처럼 보이지만 실제로는 "네가 새로운 재능을 발견하고 주목받게 될까 봐, 내가 초라해질 것 같아 불안해"라는 내면의 감정이 반영될 수 있습니다.

마지막으로, 상대방의 동의나 필요를 충분히 고려하지 않은 채 '내 진심'을 표현할 때도 문제가 생깁니다. 이스라엘의 심리학자 하임 기너트(Haim Ginott)는 좋은 의도만으로는 부족하며, 진정한 도움은 상대의 관점에서 필요한 것이어야 한다고 강조했습니다.

상처 주지 않고
진심을 전하는 방법

그렇다면 어떻게 진심을 상처 없이 전달할 수 있을까요?

먼저, 말을 꺼내기 전에 "이 말이 지금 상대에게 정말 필요한가?"라고 스스로에게 물어봐야 합니다. 내 진심이 상대에게 어떻게 들릴지, 그 맥락을 한 번 더 헤아려보는 것만으로도 많은 상처를 줄일 수 있습니다.

진심을 표현하기 전에 상대의 현재 감정을 먼저 살피는 것도 빠르리기 쉬운 부분입니다. "지금 많이 바빠 보이는데, 내 생각을 말해도 될까?" 이 짧은 한마디가 상대에게는 존중의 신호가 됩니다.

내 진심이 상대를 평가하는 말이 아니라, 관심에서 비롯된 말로 들리게 하는 것도 생각보다 어렵습니다. "너 요즘 안 좋아 보여"보다는 "힘든 일이 있으면 언제든 이야기해 줘"라는 표현이 상대의 자율성을 존중하는 말입니다. 그리고 내 의도와 다르게 받아들여졌다면, "난 좋은 뜻이었는데"라고 변명하기보다 "그렇게 들렸다면 미안해. 네가 느낀 걸 더 잘 이해하고 싶어"라고 말하는 편이 좋습니다.

균형 잡힌
소통의 지혜

이러한 관찰을 통해 제가 발견한 중요한 패턴 중 하나는 가장 깊은 상처가 아이러니하게도 '선의'라는 이름으로 전달된다는 점입니다. 특히 우리가 흔히 사용하는, "너를 위해서 하는 말이야"라는 표현은 듣는 사람에게 더욱 큰 상처를 줄 수 있습니다. 이 표현은 표면적으로 상대방을 향한 배려인 듯하지만, 사실 그 이면에는 상대방을 지금의 모습 그대로 인정하지 않으려는 미묘한 거부감이 깔려 있을 때가 많기 때문입니다.

진정한 위로는 상대를 있는 그대로 받아들이는 것에서 시작됩니다.

상대방의 모습을 바꾸거나 고치려고 하지 않고, 있는 그대로의 모습을 포용하는 데서 말입니다. 진심이 상처가 되지 않기 위해서는 '나의 진심'을 주장하는 것보다 '상대의 수용'을 먼저 생각하는 자세가 필요합니다. 때로 진심은 자기만족적일 수 있습니다. "난 정말 좋은 의도로 말했어"라는 생각은 결과적으로 자기 자신을 위한 변명일 수 있기 때문이지요.

그렇기에 진심이 상처로 다가가지 않기 위해서는 '말을 잘하는 기술'보다 오히려 '잘 듣는 자세'가 훨씬 중요할지 모릅니다. 상대가 지금 무엇을 필요로 하는지, 내 말을 어떤 마음으로 받아들일지를 먼저 헤아리는 것이 소통의 열쇠입니다.

대화를 꺼내기 전, 스스로에게 질문을 한번 던져보세요. "내가 지금 전하려는 이 진심이 정말로 상대를 위한 것일까? 아니면 내 안의 어떤 불안이나 욕구를 해소하기 위한 것일까?" 이 질문 하나가 습관이 되면, 진심이 상처로 전달되는 일은 분명 줄어들 겁니다.

차가운 정답보다
따뜻한 오답이 나을 때도 있다

"왜 그걸 거기에 뒀어?", "아직 안 끝났어?"

같은 말이라도 날카로운 목소리로 재촉하듯 내뱉으면 듣는 사람은 비난이나 책망으로 받아들이게 됩니다. 반면, 호기심 가득한 눈빛과 온기 있는 목소리로 천천히 묻는다면 같은 문장이라도 평범한 질문으로 다가옵니다.

말의 내용보다 중요한
'어떻게 말하는가'

얼마 전 상담을 통해 만난 결혼한 지 10년 된 부부가 있었습니다. 아내는 진료실에서 눈물을 삼키며 조용히 말을 꺼냈습니다. "남편은 저한테 늘 명령하는 것처럼 말해요. '이거 치워, 빨래 했어? 애들 밥은?' 이런 말들이요. 사실 말의 내용만 보면 아주 평범한 일상이지만, 남편의 그 말투가 직원에게 지시하는 것처럼 느껴져서 힘들어요." 이 말을 듣던 남편은 뜻밖이라는 듯이 당황하며 어깨를 움츠렸습니다. "나는 평소 하던 대로 그냥 말한 건데… 진짜 그런 의도는 없었어."

여기에서 중요한 점은 바로 '의도'가 아니라 '말투'입니다. 우리는 자주 자신이 '어떤 말을 했는가'에만 초점을 맞추곤 합니다. 하지만 정작 관계에서 더 크게 작용하는 건 '어떤 방식으로 그 말을 전달했는가'입니다. 우리가 무심코 쓰는 말투 안에는 자신도 의식하지 못하는 미묘한 감정이나 태도, 더 나아가서는 둘 사이의 보이지 않는 권력 관계까지 녹아 있기 때문입니다.

심리학자 앨버트 메라비언(Albert Mehrabian)의 연구는 이를 뒷받침하는 흥미로운 단서를 줍니다. 메라비언에 따르면, 감정이나 태도를 전달하는 상황에서 말의 내용과 어조가 엇갈릴 때, 사람들은 단어 자체에 7%, 목소리의 톤과 어조에 38%, 표정에 55%의 비중을 두고 상대의 감정을 판단합니다. 이 비율이 모든 소통 과정에서 그대로 적용되는 건 아니지만, 시사하는 바가 큽니다. 마음이 오가는 대화에서는 '무엇을' 이야기했는지보다 '어떻게' 이야기했는지가 상대방의 감정을 좌우하는 더 중요한 열쇠라는 뜻입니다.

이러한 현상은 한국 사회에서 특히 더 민감하게 다가옵니다. 한국어는 존댓말과 반말은 물론이고, 수많은 높임법과 섬세한 어미 변화를 통해 말투 하나하나가 관계의 성격과 거리를 명확히 드러내기 때문입니다. 예컨대 "밥 먹었어요?"라는 평범한 한마디도 다정하고 부드러운 어조로 묻는다면 상대방에게 따뜻한 관심으로 느껴지지만, 무심하고 형식적인 말투라면 단지 관례적인 인사로 여겨질 뿐입니다. 더 나아가서는 상대방에게 부담스럽거나 간섭하는 느낌으로 받아들여질 수도 있습니다.

말투가 전하는
감정의 힘

"말투는 우리의 감정을 전염시킵니다." 신경과학 연구에 따르면, 사람의 뇌에는 '거울 뉴런(mirror neuron)'이라는 특별한 신경세포가 존재합니다. 이 세포는 상대방의 감정 상태를 무의식적으로 따라 하도록 우리를 이끕니다. 그래서 우리가 사용하는 말투에 담긴 감정은 듣는 사람의 신경계에 직접적인 영향을 미치며 '정서적 전염(emotional contagion)' 현상을 만들어냅니다. 불안하고 초조한 말투는 듣는 사람의 마음까지 불안으로 물들이고, 편안하고 따스한 말투는 듣는 사람에게 안정과 신뢰를 줍니다.

　말투가 중요한 이유는, 말투가 단지 언어 습관이 아니라 우리의 내면을 그대로 반영하기 때문입니다. 말투는 우리가 상대를 어떻게 바라보는지, 우리 자신의 내면 상태가 어떠한지, 나도 모르게 품고 있는 무의식적인 편견이 어떤 것인지까지 고스란히 드러냅니다. 이렇듯 말투는 "곧 그 사람 자체"라고 할 수 있습니다.

예컨대 아이에게 "숙제 했니?"라고 물어볼 때를 떠올려봅시다. 만약 말투에 의심이나 날카로움이 깃들어 있다면 그것은 사실상 "넌 숙제를 안 했겠지"라는 불신의 전제를 깔고 있는 것입니다. 하지만 같은 질문이라도 다정하고 부드러운 말투로 건넨다면 아이의 자율성과 책임감을 존중한다는 태도가 자연스레 전해집니다. 표면적으로는 같은 말을 하고 있어도, 그 이면에 흐르는 감정과 관계의 질은 완전히 다를 수밖에 없습니다.

관계를 변화시키는
말투의 선택

우리가 쓰는 말은, 생각을 담는 그릇이면서 동시에 생각의 방향을 정하는 힘이기도 합니다. 의식적으로 자신의 감정을 말로 꺼내보는 것만으로도 복잡하게 엉켜 있던 마음이 조금씩 정리되기 시작합니다.

요즘 한국 사회의 급격한 변화는 말투와 관련하여 전혀 새로운 도전 과제를 던지고 있습니다. 특히 세대 간의 말투 차이는 때때로 예상치 못한 오해를 만들곤 합니다. 기성세대가 정겹고 따뜻하게 사용했던 표현이 MZ세대에게는 다소 무례하거나 부담스럽게 다가올 수 있고, 반대로 젊은 세대가 편안하게 사용하는 캐주얼한 표현이 나이 든 세대에게는 존중이 부족하거나 예의 없는 것으로 느껴질 수도 있습니다. 이처럼 서로 다른 세대가 각자의 말투에서 오는 차이를 이해하지 못할 때, 예상치 못한 갈등이 생겨날 수 있습니다.

디지털 시대에 접어들면서 말투라는 개념 또한 더 넓게 확장되고 있습니다. 문자 메시지나 메신저 대화에서는 표정이나 목소리의 뉘앙스를 전할 수 없기에, 대신 문장 부호나 이모티콘, 단어 선택 등이 말투의 역할을 하게 되었습니다. "알겠습니다"와 "알겠습니다!"의 미묘한 차이나 "네"와 "넵!" 같은 사소한 단어 선택이 온라인에서 상대방에게 전달하는 감정을 크게 바꿀 수 있습니다. 디지털 공간에서 사용하는 이러한 말투 역시 인간관계의 질을 결정짓는 중요한 요소로 자리 잡았습니다.

말투는 태어날 때부터 정해진 성격이 아니라, 우리가 순간순간 선택하는 행동입니다. 그리고 이 선택은 관계가 나아갈 방향을 좌우합니다. 따뜻하고 상대방을 존중하는 말투는 신뢰와 친밀감을 깊게 하고, 성급하고 날카로운 말투는 상대에게 방어벽을 세우고 거리를 만듭니다. 따라서 말투를 바꾸는 것은 우리가 맺는 관계의 질을 근본적으로 변화시킬 수 있는 작지만 강력한 출발점이 됩니다.

물론, 세상에 언제나 완벽한 말투는 없습니다. 때에 따라서는 단호하고 분명한 말투가 필요할 때도 있고, 열정적이고 적극적인 어조가 적절할 수도 있겠죠. 진정 중요한 것은 내가 사용하는 말투가 진심으로 표현하고 싶은 의도와 잘 일치하는지 그리고 지금 이 순간의 관계의 맥락에서 적절한지를 인식하는 것입니다.

우리는 매일 수백 번 말투를 선택합니다. 그 작고 사소한 선택들이 모여 우리의 관계를 만들어갑니다. 무심코 내뱉은 말투가 가장 사랑하는 사람의 마음에 벽을 세우기도 하고, 낯선 사람에게 건넨 따뜻한 말 한마디가 서로를 잇는 다리가 되기도 합니다. 우리는 매일 말투를 선택하고 있습니다. 대부분은 자신이 선택하고 있다는 사실조차 모른 채 말이죠.

내 말은 왜 자꾸
오해받을까

"정말 그런 의미로 말한 게 아닌데….'

이런 경험, 누구나 한 번쯤 겪어보셨을 겁니다. 나는 분명히 단순한 질문을 던졌거나, 관심을 표한 것뿐인데 상대는 비난이나 의심처럼 받아들이곤 합니다. 일상 속에서 오해는 너무나 흔한 현상이지만, 만약 그런 오해가 계속 반복된다면 그 이면에 더 깊숙한 심리적 메커니즘이 작동하고 있을지도 모릅니다.

진료실에서 만난 20대 남성 민호 씨는 아버지와의 대화에서 늘 오해가 생긴다고 고민을 털어놓았습니다. 최근 새로 노트북을 샀을 때도 비슷한 일이 있었습니다. 아버지가 가볍게 "어떤 기능이 있는데?"라고 물었을 뿐인데, 민호 씨는 곧바로 방어적인 태도를 취하고 말았습니다.

"아버지는 제가 무슨 물건을 사도 항상 비싸다고 하거나, 쓸데없는 걸 샀다고 비난을 해왔어요. 그래서 아버지가 무슨 말을 해도 '도대체 그걸 왜 샀니?' 하는 비난처럼 들리는 거예요."

민호 씨가 아버지의 말을 이렇게 해석하게 된 계기는 오래 전 중학생 때 있었던 사건 때문이었습니다. 당시 민호 씨의 어머니는 민호 씨와 '숙제를 마치면 컴퓨터 게임을 해도 된다'는 약속을 했고, 민호 씨는 약속을 지켜 숙제를 마친 뒤 게임을 즐기고 있었습니다. 그런데 상황을 모르는 아버지가 퇴근 후 갑자기 방에 들어와 화를 내면서 "공부는 안 하고 게임만 하냐!"고 소리를 지른 것이었습니다. 그 이후에도 민호 씨가 내리는 선택들에 대해 아버지의 비판적인 말이 계속 이어졌고, 이런 경험들이 차곡차곡 쌓이면서 민호 씨는 아버지의 모든 말을 비판이나 비난으로 받아들이는 습관이 생겨버린 겁니다.

과거 관계의 그림자, 대화는 역사를 품고 있다

사회심리학자 조지 허버트 미드(George Herbert Mead)의 상징적 상호작용론(symbolic interactionism)에 따르면, 말의 의미란 고정된 것이 아니라 사회적 상호작용을 통해 형성되고 끊임없이 수정됩니다. 말의 의미란 고정된 것이 아니라, 그 말이 오고 가는 관계와 상황, 맥락에 따라

수시로 재구성됩니다. 그리고 그 과정에서 과거의 관계 경험이 결정적인 역할을 합니다.

우리가 던지는 말은 결코 진공 상태에서 전달되지 않습니다. 모든 대화의 순간에는 과거의 경험이 겹겹이 쌓여 있고, 그 기억들이 해석의 필터로 작용합니다. 즉, 우리의 뇌는 지금 들리는 내용을 단지 현재의 맥락에서만 처리하지 않습니다. 과거의 경험, 특히 그 사람과의 관계 속에서 만들어진 '관계적 도식'을 통해 지금의 메시지를 걸러내고 의미를 찾아갑니다.

다시 민호 씨의 사례를 살펴보겠습니다. 민호 씨에게 아버지의 단순한 질문은 현재의 물음으로 그치지 않습니다. 이미 민호 씨의 내면에는 과거에 반복되었던 수많은 비판적 상황이 저장되어 있습니다. 아버지가 하는 말은 실제로 객관적인 의도였을지라도, 민호 씨의 마음은 이미 '아버지=비판적'이라는 관계적 도식을 만들어놓았기 때문에, 무의식적으로 비난이나 공격으로 느껴지는 것입니다.

흥미로운 점은, 이러한 오해의 악순환이 한쪽만의 문제가 아니라 양쪽의 반응을 통해 강화된다는 것입니다. 민호 씨가 아버지의 말을 듣고 방어적으로 반응하면, 아버지는 "도대체 왜 이렇게 예민하게 구는 거야?"라며 더 강하고 날카로운 어조로 반응할 가능성이 큽니다. 이는 다시 민호 씨에게 '아버지는 역시 나를 비난한다'는 인식을 더욱 굳히게 만드는 악순환으로 연결됩니다.

이처럼 윗사람의 말은 같은 내용이라도 더 무겁게 들립니다. 가령 대학원생이 논문 지도 과정에서 교수님으로부터 "이 부분은 좀 더 생각해보면 좋겠네"라는 피드백을 받을 때, 단순한 조언으로 듣기보다 "너의 생각은 충분하지 않아"라는 근본적인 평가로 받아들이게 되는 것과 같습니다.

오해를 만드는 심리적 필터들

그중에서도 가장 강력한 것은 바로 '확증 편향(confirmation bias)'입니다. 이미 마음에 자리 잡고 있는 믿음에 맞는 정보는 반가운 손님처럼 쉽게 받아들이고, 그렇지 않은 정보는 차갑게 밀어내거나 불편하게 왜곡해버리는 성향입니다. 누군가를 향한 마음속에 "저 사람은 나를 비판적으로 본다"는 믿음이 이미 자라나 있다면, 상대방이 아무리 중립적인 말을 하더라도 어느새 그 말은 비난의 색채를 띠고 마음에 들어올 수 있습니다.

또 다른 필터는 '귀인 오류(attribution error)'입니다. 상대방의 행동을 바라볼 때 우리는 그 상황의 배경보다는 사람의 성격이나 의도를 더 크게 봅니다. 예컨대, 아버지가 피곤한 나머지 무심코 목소리가 높아졌다고 해도, 민호 씨의 귀에는 "아버지는 나를 또 비난하시는구나"라는 생각만 들 뿐입니다. 상황의 맥락은 희미해지고, 아버지의 성격과 의도가 선명하게 다가오면서 민호 씨는 상처받고 방어적으로 반응할 수밖에 없습니다.

여기에 감정적으로 강렬한 기억일수록 더 오래, 더 선명하게 남는다는 심리적 효과가 더해지면 오해는 더욱 깊어집니다. 특히 부정적인 경험은 쉽게 지워지지 않고 마음 깊이 새겨져 이후 비슷한 상황을 마주할 때마다 살아납니다. 민호 씨에게 게임을 하다 아버지에게 혼났던 그 기억은 아직도 아픈 가시처럼 남아 있습니다. 이후의 대화에서 비슷한 분위기가 조금만 감지되어도 그 기억은 민호 씨의 마음속에서 빠르게 다시 재생되고, 현재의 말은 과거의 아픔과 엉켜 더욱 힘들게 다가옵니다.

오해의 거울에 비친
자신의 내면

오늘 우리가 마주하는 대화는 사실 과거의 모든 순간이 겹겹이 쌓인 결과물입니다. 오해의 반복적인 패턴을 깊숙이 들여다보면 단순한 소통 실패 이상의 의미가 숨겨져 있음을 발견하게 됩니다.

임상 현장에서 만나는 수많은 사람을 통해 깨닫게 된 것은, 현재 일어나는 오해가 단순히 '지금, 여기'의 문제만이 아니라 과거에 받은 상처가 현재에 드리운 그림자라는 사실입니다. 오늘의 오해는 어제의 미해결된 감정, 과거에 닫혀버린 마음의 문에서 시작됩니다. 이 사실을 인식하는 것만으로도 오해의 악순환을 멈출 첫걸음을 내딛을 수 있습니다.

민호 씨의 아버지가 정말 늘 비판적이었는지, 혹은 민호 씨가 그렇게 느끼고 기억하는지는 분명 복잡한 문제입니다. 하지만 한 가지 확실한 것은 민호 씨가 아버지의 질문을 곧장 비난으로 받아들이는 마음의 패턴이 이미 굳어졌다는 사실입니다. 그 마음의 패턴은 이제 현재 대화를 바라보는 강력한 프리즘이 되었습니다.

우리가 나누는 모든 대화에는 관계의 역사가 숨겨져 있고, 그 역사는 오늘 우리가 말과 행동을 어떻게 해석할지 깊은 영향을 줍니다. 반복되는 오해 속에 묻힌 채 살아가는 상처들, 해결되지 않은 감정의 찌꺼기들 그리고 자신도 미처 알아차리지 못한 마음 깊은 곳의 두려움들이 존재할지도 모릅니다.

당신의 삶에도 특정한 유형의 오해가 반복되고 있지는 않나요? 누군가의 단순한 질문을 비난으로 느끼거나, 상대방의 관심을 간섭으로 받아들이는 마음의 습관이 자리 잡고 있지는 않나요? 그리고 그러한 오해가 가장 자주 일어나는 관계는 어떤 관계인가요?

우리는 종종 상대방의 의도만을 탓합니다. 상대방은 "그런 뜻이 아니었는데, 왜 내 말을 그렇게 받아들여?"라며 결백을 주장합니다. 그러나 진정한 소통과 이해는 상대방의 말이 나에게 미친 '영향'을 인정하는 것에서 시작됩니다. 왜 그 말이 내 마음을 아프게 하는지 스스로 들여다볼 용기를 갖는 것입니다.

다음에 누군가와의 대화에서 갑자기 마음이 움츠러들고 방어적으로 변한다면, 잠시 멈추고 스스로 물어보세요. "나는 지금 이 순간의 대화만 듣고 있는 걸까, 아니면 과거의 수많은 대화까지 함께 듣고 있는 걸까?"

도망치고 싶은 대화 속에 숨겨진 속마음

"세상에서 가장 싫은 말이 '둥글게 둥글게'예요."

진료실에서 만난 민지 씨의 말입니다. 시어머니의 부당한 간섭에 남편이 "네가 둥글게 둥글게 이해하고 넘어가"라고 말할 때마다 민지 씨의 마음엔 또 한 번 깊은 상처가 쌓였습니다. 그녀는 억울하고 답답한 마음을 털어놓으며 남편에게 위로와 지지를 기대했지만, 돌아온 말은 늘 "가족끼리 좋게 좋게 넘어가자"는 형식적인 위로뿐이었죠. 이런 일은 친구 사이에서도 자주 일어납니다. 부당한 일을 겪은 후 친구에게 공감과 지지를 구했지만, 친구가 건넨 말 역시 "너무 예민하게 굴지 말고 그냥 넘어가"였습니다.

이런 상황에서 우리는 상대가 무엇을 듣고 싶어 하는지 잘 알고 있습니다. 남편은 민지 씨가 "맞아, 우리 어머니가 정말 너무하셨어"라는 말을 듣고 싶어 한다는 것을, 친구는 상대가 겪은 부당한 일을 인정받고 싶어 한다는 걸 잘 압니다. 그럼에도 우리는 의도적으로 그 말을 피하게 됩니다. 왜 그럴까요?

말의 무게와 책임,
회피가 주는 심리적 보호막

사람들이 상대가 듣고 싶어 하는 말을 피하는 가장 큰 이유는 그 말이 가져올 책임과 이후에 따라올 관계적 의무 때문입니다. 직장에서 동료가 상사에 대한 불만을 토로할 때를 떠올려보세요. "맞아, 상사가 너무했네"라고 공감해주는 순간, 단지 그 순간의 공감을 넘어서 앞으로도 그 동료의 입장에 서야 한다는 암묵적 책임이 생겨납니다. 또한, 상사와의 관계에서 입장을 분명히 해야 하는 부담도 따라올 수 있습니다.

이런 현상을 심리학에서는 '회피적 대화 태도'라고 부릅니다. 갈등이나 책임을 피하기 위해 특정 표현이나 주제를 의식적 또는 무의식적으로 회피하는 소통 방식입니다.

정우 씨의 사례를 보면 그 이유가 더 분명해집니다. 정우 씨는 친구가 힘든 상황에서 위로를 바란다는 것을 잘 알면서도 "정말 속상했겠다" 대신 "시간이 지나면 괜찮아질 거야"라는 가벼운 위로만을 건넸습니다. 후에 그는 자신의 행동을 돌아보며, "깊은 공감을 표현하면 친구의 문제에 더 깊숙이 관여해야 할 것 같아서 부담스러웠다"고 털어놓았습니다. 무의식적으로 감정적 책임을 피한 것이죠.

회사원 민석 씨의 사례도 비슷한 경우입니다. 회사 동료가 민석 씨에게 불만을 털어놓았지만, 쉽게 공감하지 못했다고 합니다. 나중에 상황이 바뀌면 자신의 입장을 바꾸기가 어려울 것 같았기 때문입니다. 한 번 편을 들면 거기에 묶인다는 느낌. 자신의 자율성과 선택권을 지키기 위해 민석 씨도 불편한 말을 피한 것입니다.

우리가 상대의 기대에 맞춘 말을 피하는 또 다른 이유는 바로 '거부 민감성(rejection sensitivity)'입니다. 이는 타인으로부터 거절당하거나 평가받는 것을 지나치게 두려워하며, 이에 예민하게 반응하는 성향입니다. 대인관계 심리학자인 제럴딘 다우니(Geraldine Downey)가 연구한 이 개념은 특히 친밀한 관계에서 자주 발견됩니다.

예를 들어 연인이 "나 사랑해?"라는 질문을 던질 때, 우리는 상대가 원하는 대답을 알고 있습니다. 하지만 "응, 사랑하지"라는 확실한 대답 대신 농담으로 상황을 넘기거나 "뭐 그런 걸 자꾸 물어"라며 대답을 피하기도 합니다. 이런 회피 뒤에는 내 진심이 온전히 전달되지 않을까하는 두려움이나 상대가 나에게 더 깊은 감정적 헌신을 요구할지도 모른다는 부담감이 숨어 있습니다.

"둥글게 둥글게, 좋게 좋게"라는 표현은 한국 문화에서 특별한 무게를 지닙니다. 이 말들에는 갈등을 회피하고 관계의 조화를 중시하는 한국 사회의 정서가 잘 드러나 있습니다. 그러나 때로는 이 표현이 누군가에게 억울한 감정을 억지로 누르게 하는 무언의 압박으로 작용하기도 합니다.

특히 시어머니와 며느리 관계에서 이런 패턴이 두드러집니다. 시어머니의 부당한 간섭에 남편이 "둥글게 이해하자"고 말할 때, 남편은 아내의 감정보다는 가족 전체의 안정이나 자신의 '효'라는 가치를 우선시하게 됩니다. 아내가 "내 편이 되어달라"는 마음을 간절히 원한다는 것을 알면서도, 그렇게 했다가 부모와의 관계에서 생길 갈등을 무의식적으로 두려워하는 것이죠.

직장에서도 비슷한 현상이 흔히 나타납니다. 부당한 일을 겪고 화가 난 동료가 분노를 표현하면 우리는 "그냥 참자, 좋게 넘어가"라는 말로 상대의 감정을 덮으려 합니다. 이런 태도는 위계질서를 중요하게 생각하며 조직 내 갈등을 최대한 피하려는 한국의 직장 문화를 그대로 반영한 것입니다. 상대방이 진심 어린 공감을 원한다는 것을 알면서도, 그러한 공감 표현이 가져올 조직 내 미묘한 변화나 갈등을 피하고 싶은 마음 때문입니다.

한국 사회에서는 부정적인 감정을 직접적으로 드러내는 것보다는 억제하고 참는 것을 미덕으로 생각하는 경향이 있습니다. 그 결과 "너의 감정이 충분히 이해된다"라는 진정한 지지보다 "그냥 넘어가자"라는 문제 해결 위주의 조언이 더욱 쉽게 나옵니다. 솔직한 감정 표출이 자칫 '분위기를 깨는' 것으로 치부되어 우리는 스스로 입을 다무는 법을 먼저 배우게 됩니다.

이러한 회피 행동은 종종 자기 보호의 방식으로 자리 잡습니다. 특히 과거에 자신의 감정이나 요구가 무시당했거나 거절당한 경험이 많을수록, 앞으로의 관계에서도 비슷한 상처를 미리 방지하고자 감정 표현 자체를 자제하게 됩니다.

30대 여성 지은 씨의 경우가 이러한 패턴을 명확하게 보여줍니다. 어린 시절 자신의 감정을 솔직히 표현할 때마다 부모님으로부터 "너무 예민하다, 그런 말은 하지 마라"라는 반응을 자주 겪었습니다. 어릴 적부터 쌓인 이런 경험들은 성인이 되어서도 그녀가 타인과의 관계에서 느끼는 기대와 반응 방식을 결정짓는 데 큰 영향을 미쳤습니다. 연인이 "솔직히 말해줘"라고 부탁해도 지은 씨는 마음속의 진짜 감정을 제대로 꺼내놓지 못했습니다. 상대방이 원하는 진실한 표현을 알면서도 과거의 상처 때문에 두려움을 느끼며 침묵을 선택했던 것입니다.

말하지 않은 진실과
점점 허물어지는 관계

말하지 않은 진실은 관계를 서서히 바꾸어갑니다. 상대가 듣고 싶어 하는 진심을 회피하면 관계에는 눈에 보이지 않는 벽이 생기기 시작합니다. 시어머니와의 갈등에서 남편이 "좋게 넘어가자"는 말을 반복할수록, 아내 민지 씨는 점점 더 깊은 외로움과 소외감을 느끼게 됩니다. 사실 민지 씨가 필요했던 것은 복잡한 해결책이 아니라, 단지 "네 마음이 이해돼, 정말 힘들었겠다"라는 따뜻한 공감의 말 한마디였을지 모릅니다.

회피는 단기적으로는 불편한 상황을 피하는 데 효과적일지 몰라도 장기적으로는 오히려 더 깊은 불신과 단절을 만듭니다. 말하지 않은 진실은 절대 사라지지 않고, 보이지 않게 관계의 신뢰를 조금씩 허물어가기 때문입니다.

상대가 원하는 말을 하지 못하고 회피하는 현상은 단순히 대화의 문제만이 아닙니다. 그것은 우리 내면에 자리 잡은 관계에 대한 두려움, 과거의 깊은 상처 그리고 문화적 배경이 복합적으로 얽힌 결과물입니다. 이러한 회피 패턴을 인식하는 것만으로도 우리는 대화와 관계의 본질을 새롭게 바라보는 통찰을 얻을 수 있습니다.

다음에 누군가가 당신에게 "둥글게 이해해"라고 말한다면, 그 말 뒤에는 갈등을 피하고 싶은 두려움이 숨어 있을 수 있습니다. 당신이 누군가에게 "네 편이야"라는 말을 간절히 듣고 싶다면, 그 마음 밑에는 내 마음을 알아주기를 바라는 기대가 있습니다. 상대가 원하는 말을 피하게 되는 것도, 내가 듣고 싶은 말을 못 듣는 것도, 무관심과는 거리가 멉니다. 그 안에는 우리도 미처 알아차리지 못한 복잡하게 얽힌 마음의 역학이 작동하고 있습니다.

우리는 상대가 듣고 싶어 하는 말을 입 밖으로 꺼내기가 어려울 때가 있습니다. 그 어려움을 느끼는 것 자체는 전혀 이상한 일이 아닙니다. 우리가 맺는 모든 관계는 표현된 말들만큼이나, 차마 표현되지 못하고 침묵 속에 머문 말들로 이루어지니까요. 내가 왜 그 말을 망설이게 되는지, 그 마음을 천천히 들여다보는 것. 거기서부터 대화는 달라지기 시작합니다.

무심한 말이 쌓이면
침묵이 된다

"그렇게 하면 안 되지, 이렇게 해야지."

"요즘 젊은 사람들은 기본도 안 되어 있어."

"내가 너 때는 말이야…."

이런 말들은 하루에 한두 번쯤 들으면 그냥 귀찮은 잔소리 정도로 흘려 넘길 수도 있습니다. 하지만 매일같이 반복된다면 어떨까요? 별뜻 없이 던진 그 말 한마디는 상대방의 마음에 작은 생채기를 남기고, 시간이 지날수록 그 상처가 쌓이고 깊어져 상대방이 입을 꼭 다물어버리게 만드는 순간이 찾아옵니다. 일상 속에서 우리가 무심코 던지는 이 작은 말들이 쌓이고 쌓여 만들어낸 '침묵의 벽'은 생각보다 우리 주변에 흔히 존재합니다.

특히 한국 사회에서 자주 사용되는 '꼰대'라는 표현은 단순히 나이의 차이를 넘어 권위적이고 일방적인 소통 방식을 상징합니다. 직장 상사, 아버지, 시어머니, 지도교수 등 주로 힘과 권위를 지닌 사람들이, 자신이 내뱉는 말이 상대에게 어떤 감정과 상처를 주는지 깊이 고민하지 않은 채 무심코 내던지는 말들은 듣는 이의 마음에 가시처럼 박혀버립니다.

관계를 파괴하는 신호,
담 쌓기

직장에서 만난 김 과장의 이야기는 이 상황을 잘 보여줍니다. 김 과장의 팀장은 매일 아침 회의 때마다 습관처럼 이렇게 말했습니다. "왜 이거밖에 못하지? 내가 너 나이 때는 이것보다 훨씬 더 잘했어." 처음에 김 과장은 자신의 상황을 설명하거나 반박하기도 했습니다. 그러나 시간이 흐르며 점점 말수가 줄어들었고, 꼭 필요한 보고 외에는 어떤 의견이나 제안도 하지 않게 되었습니다. 그의 마음은 이미 침묵 속으로 들어간 것이었죠.

　이런 현상은 결코 우연히 생겨난 것이 아닙니다. 심리학자 존 고트만은 부부 관계에 관한 연구에서, 관계를 파괴하는 네 가지 위험한 신호를 '4기사(four horsemen)'라 명명했습니다. 이 개념은 비판, 경멸, 방어, 담쌓기 네 가지를 포함합니다. 그중 하나가 바로 '담쌓기'입니다.

담쌓기란 지속적으로 이어진 부정적이고 아픈 소통을 더 이상 감당할 수 없을 때, 감정적 고통과 상처를 피하기 위해 아예 소통 자체를 차단해버리는 일종의 심리적 방어 행동입니다. 물론 고트만의 연구가 주로 부부 관계에 초점을 맞췄다고 하더라도, 이 개념은 우리의 모든 인간관계에 적용됩니다. 무심히 던진 말들이 반복되면 사람들은 자신을 보호하기 위해 마음의 담을 쌓고 침묵을 선택합니다. 그렇게 우리는 조금씩 서로를 향한 마음의 문을 닫게 됩니다.

침묵,
또 다른 형태의 메시지

흥미로운 것은 이렇게 생겨난 침묵이 단순히 '말하지 않음'으로 끝나지 않는다는 사실입니다. 침묵은 오히려 말보다 더 강력한 메시지를 담아낼 수 있습니다. 우리 전통 탈춤에 등장하는 '각시탈'과도 같습니다. 각시탈은 신부의 얼굴을 감추는 가면인데, 얼굴의 표정은 보이지 않지만 그 침묵 그 자체가 강렬한 의미를 지니고 있지요.

각시탈을 쓴 이는 얼굴을 숨긴 채 어떤 말도 하지 않습니다. 그러나 그 침묵이 전하는 메시지는 오히려 웅변보다 더 명료합니다. 우리 전통문화 속에서 침묵이란 때로는 표면적으로 순응하는 듯 보이면서도 속으로는 자신의 존엄성을 지키는 강력한 저항의 방식이었습니다.

굳이 싸우지 않고, 따지지 않으며, 겉으로 드러내지 않아도 자신만의 고요한 방식으로 자기의 뜻을 전하고 지켜나가는 것입니다. 무심한 말의 상처가 겹겹이 쌓인 이들의 침묵은 단지 포기나 체념이 아니라, 적극적이고 조용한 자기 보호와 저항의 형태를 갖기도 합니다.

진료실에서 만난 박 씨는 시어머니와의 갈등을 털어놓으며 이렇게 말했습니다. "저는 이제 아무 말도 안 해요. 제가 무슨 말을 하든 시어머니는 '옆집 며느리는 그렇게 안 한다'거나, '친정에서 그렇게 배우지 않았냐'는 말로 항상 저를 몰아붙이세요. 처음엔 열심히 설명하고 변명도 했지만, 이제는 그냥 아무 말 없이 듣기만 해요. 이 침묵이 저를 보호하는 유일한 방법이거든요."

이런 침묵은 당장은 자신을 보호하는 방패로 작용하지만, 장기적으로 보면 관계의 틈을 점점 더 벌리는 위험한 칼날이 될 수도 있습니다. 이 침묵이 깊어지고 오래 지속될수록, 더 교묘하고도 은근한 형태의 수동공격적(passive-aggressive) 방식으로 발전하기 쉽습니다. 수동공격적 행동이란 직접적인 갈등을 피하면서도 간접적으로는 불만이나 분노를 은밀히 드러내는 행동을 뜻합니다. 겉으로는 온화하고 순종적인 것처럼 보이지만, 내면에는 해소되지 않은 감정들이 쌓여가는 것입니다. 이렇게 억눌린 침묵은 관계를 더욱 복잡하게 만들고 악화시키는 씨앗이 됩니다.

대학원생 정 씨의 이야기가 이를 잘 보여줍니다. 정 씨의 지도교수는 학생들의 연구 발표를 들을 때마다 습관적으로 "이게 전부인가? 이 정도로 기본도 안 되어 있으면 곤란하지” 같은 비판적이고 무심한 말을 내뱉었습니다. 이런 말들이 반복되자 정 씨는 점점 자신의 의견이나 아이디어를 말하는 것을 멈추게 되었습니다. 필수적인 보고 외에는 침묵으로 일관했지만, 그 침묵 속에서는 분노와 좌절, 실망이 차곡차곡 쌓여갔습니다. 그는 학문에 대한 열정마저 잃어버리게 되었고, 교수와의 신뢰 관계는 회복하기 어려울 만큼 크게 훼손되었습니다.

무심함이 만든
높은 벽

이런 침묵은 대개 힘의 균형이 기울어진 관계에서 생겨납니다. ‘을’의 자리에 놓인 사람들은 스스로를 지키기 위한 수단으로 침묵을 선택합니다. 겉으로 보기엔 이들의 침묵이 그저 복종하거나 순종하는 듯 보일지 모릅니다. 그래서 권력의 ‘갑’에 놓인 사람들은 종종 문제가 있음을 알아차리지 못하고, 오히려 “요즘 젊은 사람들은 자기 의견도 제대로 말하지 못해” 같은 또 다른 무심한 말들을 내뱉으며 상황을 더 악화시키기도 합니다.

매일 무심코 던지는 말들이 있습니다. “이건 이렇게 해야지, 내가 너만 할 때는 안 그랬어” 같은 이야기들 말이죠. 이런 말들은 언뜻 보기엔 대수롭지 않아 보일 수도 있지만, 듣는 사람의 마음속엔 조금씩 상처가 쌓이게 됩니다. 그렇게 쌓인 작은 상처들이 점점 벽을 만들고, 그 벽이 어느 정도 높아지면 사람들은 말을 멈추게 됩니다. 침묵은 그렇게 어느 날 갑자기 나타나는 것이 아니라, 수많은 작은 말이 하나둘씩 쌓여 만들어진 결과물입니다.

앞서 말했듯이 침묵은 단지 '말을 하지 않는 것'으로 끝나지 않습니다. 그것은 때로는 겉으로 드러나지 않는 저항이자, 스스로를 보호하기 위한 최후의 방어막이기도 합니다. 각시탈이 무표정한 가면 뒤에 숱한 감정을 숨긴 채 강력한 메시지를 전달하듯, 침묵이라는 가면 속에는 수많은 감정과 이야기가 숨겨져 있습니다.

중요한 사실은 침묵이 그 사람의 성격이나 단순한 소통 방식의 문제가 아니라, 관계에서 형성된 힘의 역학과 상호작용의 누적된 결과라는 점입니다. 상대가 침묵할 때, 우리는 먼저 그 침묵이 어떻게 형성되었는지 되돌아보아야 합니다. 나의 무심코 던진 말 한마디가 상대의 입을 닫게 만든 것은 아닐지 성찰해볼 필요가 있습니다.

진료실에서 오랜 시간 만나온 많은 관계의 문제들은 이런 무심한 말들이 차곡차곡 쌓이면서 시작되었습니다. 부부 사이에서 흔히 던지는 "당신은 맨날 그래"라는 말이나 "다른 집 남편들은 안 그런다던데" 같은 비교의 말들이 쌓이고 쌓여 서로 마음을 닫아버리는 상황을 자주 목격했습니다. 처음엔 활기차고 열린 대화를 나누던 부부조차도 시간이 흐르면서 필요한 최소한의 대화만 주고받는 차갑고 기능적인 관계로 변해가는 경우가 많았습니다.

무심한 말이 쌓이면 침묵이 되고, 그 침묵이 관계를 바꾸어놓습니다. 침묵 속에는 그동안 쌓여온 수많은 말의 그림자가 자리하고 있습니다. 상대가 입을 닫았다면, 그 침묵을 만든 건 누구의 말 때문이었는지 한 번쯤 돌아볼 필요가 있습니다.

타인을 향한 비난은 사실 나를 향한 고백이다

"엄마, 저 할 수 있어요!"

5살 아이가 힘주어 신발 끈을 묶으며 던진 한마디에 저는 걸음을 멈췄습니다. 몇 번이고 실패를 반복하다 마침내 성공한 아이는 온몸으로 성취의 기쁨을 표현하고 있었습니다. 작고 단순한 그 말 속에는 자신을 믿는 마음, 혼자 해내려는 독립심 그리고 더 나아가고자 하는 성장이 오롯이 녹아 있었습니다.

우리는 매일 수천 개의 말을 쏟아냅니다. 가족과 나누는 아침 인사, 직장에서 오가는 업무 대화, 친구와 주고받는 문자 메시지 그리고 하루의 끝에 스스로에게 조용히 건네는 혼잣말까지. 이 모든 말에는 단순히 정보 이상의 무언가가 담겨 있습니다. 우리가 무엇을 소중히 여기고 어떻게 세상을 바라보는지, 우리가 품은 감정과 생각, 가치관까지도 모두 자연스럽게 스며들어 있습니다.

사회학자 찰스 쿨리(Charles H. Cooley)는 '거울 자아(looking-glass self)'라는 개념을 통해 인간은 타인의 시선과 반응을 거울삼아 스스로의 모습을 만들어간다고 했습니다. 이 생각을 조금 더 넓혀보면, 우리가 하는 말 역시 자신을 바라보는 또 하나의 거울이 됩니다. 말을 통해 우리는 자기 자신을 표현하고 동시에 그 말 속에 스스로를 새롭게 정의하는 것입니다.

상담실에서 만난 한 40대 여성의 이야기가 떠오릅니다. 그녀는 자신의 삶에 대해 이야기할 때마다 "제가 부족해서 그래요, 전 늘 뭔가 잘못했어요, 더 잘해야 했는데"라고 습관처럼 말했습니다. 누구나 쉽게 알 수 있는 외부의 문제나 타인의 잘못조차 그녀는 자신의 책임이라 여기곤 했습니다. 이런 말은 단순한 습관이 아니라, 그녀가 자신을 어떻게 바라보고 있는지 보여주는 거울과도 같았습니다. 늘 자신을 부족한 사람으로 여기고, 모든 일의 책임이 자신에게 있다고 느끼는, 그녀의 깊고 내면화된 자기인식이 말 속에서 그대로 드러난 것입니다.

일상에서 드러나는
자아의 단서들

언어학자 에드워드 사피어(Edward Sapir)와 벤자민 워프(Benjamin Whorf)

의 언어상대성이론(linguistic relativity)에 따르면, 우리가 쓰는 말은 단순히 생각을 표현하는 도구가 아니라 우리의 사고 자체를 담고 형성하는 틀이 된다고 합니다. 이렇게 생각하면, 매일 무심히 던지는 표현 하나하나가 사실은 우리 내면의 모습을 거울처럼 비추고 있는지도 모르겠습니다. 자주 "난 이런 건 못해"라고 되뇌는 사람은 어느새 자신도 모르게 가능성의 문을 닫게 되고, 반대로 "방법을 찾아볼게"라고 말하는 사람은 더 넓은 가능성의 세계를 열게 됩니다.

직장 안에서도 우리가 선택하는 언어는 그저 말 이상의 의미를 지닙니다. "우리 팀"이라는 말과 "그쪽 부서"라는 표현 사이에는 미묘하지만 분명한 거리감이 숨어 있습니다. "제가 실수했습니다"와 "그게 잘못됐네요"라는 표현도 마찬가지로, 자신의 책임에 대한 깊은 인식과 공동체 속 자신의 위치를 말없이 드러내고 있습니다.

우리가 자신의 성공과 실패를 설명할 때 자주 쓰는 표현들도 주목할 만합니다. "운이 좋았어요"라는 말은 자신의 성취를 외부의 요인에 돌리며 통제감을 잃게 만들고, "준비를 많이 했어요"라는 표현은 자신에게 능력과 책임이 있음을 인정하며 앞으로의 가능성을 열어줍니다. 이렇게 사소한 표현 하나가 우리 마음 깊숙이 자리 잡아 자신에 대한 믿음과 삶의 태도를 결정하게 됩니다.

우리의 말이 드러내는 또 다른 내면의 층위는 타인과 관계를 맺는 방식을 나타냅니다. "제가 도와드릴게요"라는 따뜻한 표현과 "이건 네가 알아서 해야지"라는 냉정한 말 사이의 차이는 단순히 도움을 주느냐

마느냐를 넘어 타인을 향한 우리의 마음가짐과 책임감, 더 나아가 서로 연결되어 있음을 느끼는 정도까지 미묘하게 드러냅니다. '우리, 너희, 그들'과 같은 표현 속에서도 소속감과 정체성 그리고 타인을 바라보는 태도가 자연스럽게 드러나게 됩니다.

말의 거울로
자신을 들여다보기

흥미로운 점은 우리가 크게 흔들릴 때, 평소와는 완전히 다른 언어를 사용하게 된다는 것입니다. 평소엔 차분하고 조심스러웠던 사람도 극도의 스트레스나 분노에 휩싸이면 평상시와는 전혀 다른 어휘와 표현을 꺼내곤 합니다.

저는 진료실에 방문한 분들의 언어 패턴을 자주 유심히 들여다봅니다. 특히 감정이 격해질 때 나타나는 뜻밖의 표현들은 평소 억누르거나 감춰졌던 내면의 조각을 드러내는 열쇠와 같습니다. 한 내담자는 자신이 '그냥'이라는 단어를 거의 습관적으로 붙이고 있다는 사실을 깨달았습니다. 그리고 이 작은 깨달음을 통해 자신이 무의식적으로 의견과 감정을 작고 가벼운 것으로 축소해 왔다는 걸 알게 되었죠. 이 자각은 자신의 존재 가치와 의견의 중요성을 새롭게 바라보는 의미 있는 전환점이 되었습니다.

자신의 말을 주의 깊게 듣고 관찰하는 일은 깊은 자기 이해로 이어지는 소중한 과정입니다. 가령 자주 사용하는 부정적인 표현이나 방어적인 말투, 혹은 특정한 상황에서만 유독 달라지는 어조를 돌아보면, 자신도 모르게 숨어 있던 두려움과 욕망을 발견하기도 합니다.

우리가 하는 말이 내뱉는 순간 흩어져 사라지는 것처럼 보이지만, 사실 말은 우리의 정체성과 관계, 삶의 경험을 조금씩 조각하며 우리 곁에 남아 있습니다. 우리가 내뱉는 말 한마디는 우리가 어떤 사람인지 보여주기도, 앞으로 어떤 사람이 될지를 결정짓기도 합니다. 작은 말 하나에 귀 기울이는 것. 자기 이해는 거기서 시작됩니다.

우리의 대화가
단절이 아닌 공명이 되려면

"괜찮아, 신경 쓰지 마."

친구가 저에게 무슨 힘든 일이 있냐며 조심스레 던진 질문에 저는 별생각 없이 이렇게 답했습니다. 말이 떨어진 그 순간, 친구의 표정이 살짝 얼어붙는 것을 느꼈습니다. 그 후로 우리의 대화는 이전처럼 깊이를 잃고, 어느새 형식적인 안부만 주고받는 관계가 되어버렸습니다. 시간이 지나고 나서야 저는 깨달았습니다. 무심코 던진 그 "괜찮아"라는 말이 친구에게는 "너의 염려와 생각은 별로 중요하지 않아"라는 의미로 들렸다는 것을요.

살아가면서 우리는 얼마나 자주 이런 서툰 표현들을 내뱉을까요. 마음 깊은 곳에는 진심 어린 위로와 공감이 가득 차 있지만, 입 밖으로 나오는 건 겨우 "괜찮아, 별일 아니야, 그냥" 같은 모호하고 단조로운 말뿐입니다. 이렇게 어설픈 표현들이 쌓여 우리 사이에 보이지 않는 벽을 쌓아 올립니다.

마음의 사전에
단어가 부족한 상태

자신의 감정을 제대로 표현하지 못하는 상태를 심리학에서는 '감정 표현불능증(alexithymia)'이라고 합니다. 그리스어에서 유래된 이 용어는 직역하면 '감정을 말로 표현하지 못하는 상태'를 뜻합니다. 중요한 것은 이것이 단순한 진단명이나 질병이라기보다는, 누구나 어느 정도는 겪을 수 있는 자연스러운 심리적 현상이라는 점입니다.

감정표현불능증을 겪는 사람들은 자신이 느끼는 감정을 명확히 파악하거나 언어로 구체적으로 표현하는 데 어려움을 겪습니다. "기분이 별로야" 혹은 "괜찮아"라는 간단한 말로 복잡한 마음 상태를 설명하려 합니다.

이처럼 서툰 감정 표현은 단지 말버릇이나 습관의 문제가 아닙니다. 그것은 우리가 자라온 환경과 경험이 만들어낸 결과물이기도 합니다. 특히 우리 사회의 '참는 것이 미덕'이라는 문화적 가치관 역시 자연스럽게 감정을 드러내는 것을 어렵게 만듭니다. 어린 시절부터 자신의 감정을 제대로 인정받지 못하거나, 감정 표현을 격려받지 못한 환경에서 자란 사람들은 자연스럽게 감정을 나타내는 데 필요한 언어가 부족할 수밖에 없습니다.

'츤데레'의 심리학, 숨겨진 마음의 방어기제

최근 젊은 세대 사이에서 자주 쓰이는 '츤데레'라는 표현은 감정 표현이 서툰 우리의 모습을 정확히 드러내는 현대적 용어입니다. 일본 애니메이션에서 시작된 이 표현은 겉으로는 무관심하고 차가운 태도(츤츤)를 유지하다가도, 때로는 예상치 못한 다정함과 따뜻한 배려(데레)를 보여주는 복잡한 이중성을 지닌 성격을 뜻하지요.

하지만 심리학적으로 바라보면 츤데레는 단순히 매력적인 성격의 한 유형이라기보다는, 자기 자신을 보호하려는 내면의 방어기제일 가능성이 큽니다. 누군가를 진심으로 좋아하고 소중히 여기지만, 그 마음이 받아들여지지 않을까 두려운 나머지 오히려 반대되는 행동을 선택하는 것입니다. 솔직하게 "좋아해"라고 표현하는 대신, "별로 신경 안 써" 같은 차가운 말을 내뱉는 것은 마음 깊은 곳의 상처받기 쉬운 부분을 숨기기 위한 무의식적인 자기보호 전략일 수 있습니다.

상담을 받으러 찾아온 대학생 지현 씨가 바로 그런 경우였습니다. 지현 씨는 늘 친구들에게 "별로야, 상관없어, 그냥 그래" 같은 말을 습관처럼 하곤 했습니다. 하지만 상담을 통해 조금씩 이야기를 나누다 보니, 사실 지현 씨는 누구보다 섬세하고 깊은 감정을 지닌 사람이었습니다. 어린 시절부터 자신의 감정이 제대로 인정받지 못한 환경에서 자란 탓에 마음을 있는 그대로 드러내는 일이 얼마나 부질없고 때로는 위험한 일인지를 무의식적으로 배워왔던 겁니다.

이렇게 '그냥'이라는 단순한 표현 하나로 지현 씨는 복잡하게 얽힌 마음을 덮고 있었습니다. 하지만 아이러니하게도 이 작은 습관이 그녀와 친구들 사이에 눈에 보이지 않는 벽을 만들어놓았습니다. 친구들은 그녀의 무심한 태도를 보며 "지현이는 우리에게 별 관심이 없나 보다"라고 오해했고, 지현 씨 스스로는 왜 주변 사람들과 진정한 관계를 맺지 못하는지 늘 혼란스럽고 답답하기만 했습니다.

표현할 단어가 부족한
감정의 외로움

진료실에서 저는 종종 "지금 기분이 어떤가요?"라고 물어봅니다. 처음에는 많은 사람이 그저 "그냥 안 좋아요"라는 모호한 말로 답합니다. 그러나 대화를 차분히 이어가며 함께 그들의 마음 깊은 곳을 탐색하다 보면, 그들이 느끼는 감정은 단순히 '안 좋음'이 아닌 실망, 배신감, 무력감, 불안, 억울함, 분노 같은 여러 겹의 감정이 섞여 있다는 것을 알게 됩니다. 이렇게 자신의 감정을 보다 구체적으로 알아차리고 표현하는 과정은 자신의 내면을 이해하는 데 있어 중요한 첫걸음이 됩니다.

감정을 제대로 표현하지 못하는 습관은 자신과의 관계에도 영향을 미칩니다. 심리학자 제임스 페너베이커(James Pennebaker)는 감정을 언어로 표현하는 것이 자기 자신을 이해하고, 감정을 건강하게 관리하는 데 매우 중요하다고 했습니다. 감정을 제대로 표현하지 못하면 나 자신에 대해서도 막연하고 피상적인 이해에 머물게 됩니다.

사람들이 감정을 표현하지 못하는 이유가 단순히 말재주가 부족하기 때문은 아닙니다. 감정 표현 능력은 언어적 근육과 같아서 사용하지 않으면 점점 약해지지만, 꾸준히 연습하면 반드시 발전할 수 있습니다. 그러나 많은 사람이 자신의 감정을 표현하는 것이 위험하거나, 자신의 감정이 그다지 중요하지 않다고 여기도록 학습된 경우가 많았습니다. 이들에게 감정 표현의 어려움은 단순히 기술의 부족이 아니라, 스스로를 보호하고 생존하기 위해 선택한 무의식적 적응 방식이었던 것입니다.

하지만 표현되지 못한 감정은 결코 사라지지 않고 우리 마음의 한편에 쌓여갑니다. 그렇게 쌓인 감정들은 뜻밖의 순간에 격렬히 터져 나오거나, 더 나아가 아무것도 느껴지지 않는 냉담함과 무감각함으로 변하기도 합니다.

그럼에도 불구하고, 모든 언어가 배우고 익힐 수 있는 것처럼 감정 표현 역시 배우고 발전시킬 수 있습니다. 우리가 서툴게 표현하는 습관이 어떻게 관계의 단절을 만들어내는지 깨닫는 순간부터 변화는 시작됩니다. 우리가 무심코 내뱉는 '그냥'이라는 말이 얼마나 자주 등장하는지 살펴보는 것만으로도 자신의 감정 표현 습관을 이해하는 데 도움이 됩니다.

서툴더라도 진심이 담긴 감정 표현을 나누는 관계 속에서 우리는 비로소 진정한 연결의 가치를 발견할 수 있습니다. 이런 변화는 말을 많이 하는 것이 아니라, 내 마음을 진솔하게 전달하는 말을 찾아가는 과정입니다.

2장

무례하지 않게,
그러나 단호하게
나를 표현하기

감정 표현이
서툰 사람들의 말 습관

누군가 "정말 괜찮아?"라고 물었을 때, 입으로는 "괜찮아"라고 답했지만, 마음속에선 전혀 괜찮지 않았던 적이 있지 않나요? 우리의 말은 가끔 우리가 실제로 느끼는 감정을 충분히 담아내지 못할 때가 있습니다. 이 현상은 단지 말을 잘못 선택해서가 아니라, 내면의 세계와 인간관계의 깊은 곳까지 영향을 미치는 심리적 패턴의 문제입니다.

감정 표현에 서툰 사람들은 자신 내면에서 일어나는 감정의 변화를 정확히 언어로 표현하는 데 큰 어려움을 겪습니다. 이들의 말습관은 얇은 베일처럼 본래의 감정을 가리고 있지만, 조금만 주의를 기울이면 그 속이 투명하게 비춰지기도 합니다. 무의식 중 자신을 보호하려는 본능적인 행동이지만, 안타깝게도 그것이 역설적으로 타인과의 진정한 연결과 이해를 어렵게 만드는 장벽으로 작용하기도 합니다.

감정 표현이 서툰 사람들이 자주 사용하는 말의 방식은 크게 세 가지
로 나눠볼 수 있습니다.

첫째는 회피형입니다. "괜찮아요, 신경 쓰지 마세요"와 같은 표현
으로 감정을 이야기하는 것 자체를 피하려 합니다. 상대방이 진심 어
린 관심으로 묻더라도 "정말 아무 일 없어요"라고 대화의 문을 단호
하게 닫아버립니다. 이런 사람들은 자신이 취약한 모습을 드러내는
것 자체를 두려워하기 때문입니다. 예컨대 프로젝트 발표 후 혹평을
듣고 힘들어하는 동료에게 "정말 괜찮아?"라고 물었을 때, "별거 아
니야"라고 서둘러 대화를 끝내려는 모습이 흔히 보입니다. 이렇게 회
피하면 당장의 불편함은 피할 수 있겠지만, 마음속에 해결되지 않은
감정이 쌓이게 됩니다.

둘째는 축소형입니다. "조금, 약간"과 같은 표현으로 실제 느끼는
감정의 크기를 의도적으로 작게 만듭니다. "많이 서운했어?"라는 물
음에 "살짝? 별로 신경 안 썼어"라고 답하는 경우가 그렇습니다. 축소
된 표현은 실제로 경험한 감정과 말로 전달된 감정 사이에 불균형을
만듭니다. 이런 습관은 표현하지 않은 감정이 가슴속에 무겁게 쌓이
는 결과를 초래합니다. 겉보기엔 괜찮아 보일지라도, 감춰진 감정은
우리의 심리적 에너지를 소모시키고 맙니다. 자신이 느낀 감정이 상

대에게 부담을 줄까 봐, 혹은 약하게 보일까 두려워 이런 식의 표현을 택하는 것입니다.

셋째는 전환형입니다. 감정적 대화가 시작되면 화제를 갑자기 바꾸거나 농담으로 분위기를 돌리는 방식입니다. "지난번 팀장님이 의견 무시해서 속상하지 않았어?"라는 질문에 "음, 그냥 그랬어요. 참, 이번 주말에 개봉한 영화 봤어요?"라고 답하며 자연스럽게 화제를 전환합니다. 이들은 감정적 취약성을 드러내는 것이 불편하기 때문에 본능적으로 대화의 방향을 바꿔버리는 것입니다. 특히 감정적 소통이 익숙하지 않은 환경에서 자란 사람들에게 흔히 볼 수 있는 패턴입니다.

심리학자 제임스 그로스(James Gross)는 이러한 현상을 '감정 표현 억제(expressive suppression)'로 설명합니다. 그의 연구에 따르면, 감정 표현 억제는 일시적으로는 유용한 전략처럼 보일지 몰라도 장기적으로는 개인의 심리적 웰빙과 대인 관계에 부정적인 영향을 미칩니다. 더구나 감정을 지속적으로 억제하면 표현의 문제를 넘어, 감정 자체를 제대로 느끼지 못하는 문제로 확장될 수 있다고 합니다.

감정 표현이 서툰 사람들은 말뿐 아니라 몸으로도 분명한 신호를 보냅니다. 입으로는 "화나지 않았어"라고 말하지만, 떨리는 손과 긴장한 목소리는 그 마음을 고스란히 드러내죠. 이는 상대방을 당혹스럽게 만들어서 대화의 진실성을 의심하게 하고 신뢰를 서서히 갉아먹습니다.

특히 민감한 이야기가 나오면, 이들은 무의식적으로 몸을 뒤척이거나 다리를 흔들고, 손에 쥔 물건을 끊임없이 만지작거리며 스스로를 진정시키려 합니다. 대화 중 갑작스레 시선을 피하거나, 목소리가 달라지고 말을 급하게 몰아붙이기도 합니다. 이런 몸짓과 말투의 변화는, 차마 입 밖으로 나오지 못한 억눌린 감정이 다른 길을 찾아 표출되는 것이라고 볼 수 있습니다. 언어보다 정직한 신체라고나 할까요?

제 지인은 직장에서 부당한 일을 겪어도 항상 괜찮다며 상황을 넘겼습니다. 하지만 저는 그 순간마다 얼굴이 붉어지고 목소리가 떨리는 모습을 보았습니다. 그는 자신의 진짜 감정을 숨기고 있었죠. 몇 차례의 대화 끝에 그는 조심스럽게 말했습니다. "사실은 제 마음을 솔직히 표현하는 게 너무 힘들어요. 어린 시절부터 늘 그래왔거든요."

표현되지 않은
감정의 영향

감정 표현이 서툰 사람들은 인간관계에서도 특정한 패턴을 보입니다. 깊고 내밀한 대화보다는 활동적이고 가벼운 소통을 선호하죠. "요즘 무슨 생각해?" 같은 질문은 부담스럽고 어색하게 느껴지지만, "지금 뭐 하고 있어?" 같은 실질적이고 가벼운 질문에는 훨씬 편안함을 느낍니다. 이런 성향은 관계를 깊고 진실한 교류가 아닌, 표면적이고 피상적인 수준에 머물게 합니다.

갈등 상황에서는 그 특징이 더욱 극명해집니다. 제가 아는 한 30대 직장인 김 씨는 연인과 문제가 생길 때마다 "나중에 이야기하자"며 회피했습니다. 며칠간 연락을 끊고, 다시 만나서는 아무 일 없었던 듯 웃어넘기는 모습을 반복했죠. 시간이 흐를수록 그들 사이에는 해결되지 않은 감정들이 쌓였고, 관계의 근본적인 부분이 조금씩 무너져 내리고 말았습니다.

또 이들은 종종 감정을 논리와 분석으로 전환하는 '주지화(intellectualization)'라는 방어기제를 씁니다. 이별 후의 슬픔을 그대로 느끼는 대신 "우리 관계는 애초에 가치관이 달라서 지속할 수 없었어"라며 상황을 분석적으로 정리해버리는 방식입니다. 이런 태도는 일시적인 정서적 고통을 완화할 수 있지만, 결국 진정한 내면의 성찰과 성장을 방해하게 됩니다.

하지만 이러한 모습은 단지 성격적인 결함이라기보다는, 어린 시절이나 과거의 경험 속에서 형성된 생존을 위한 적응 전략에 가깝습니다. 감정을 표현하는 것이 어렵다고 해서 감정 자체가 없는 것이 아닙니다. 오히려 그들은 누구보다 풍부하고 섬세한 감정 세계를 가지고 있지만, 단지 그 감정을 언어로 표현하는 통로가 막혀 있거나 무너져버린 상태일 뿐입니다.

지금 이 글을 읽으며 혹시 자신의 모습을 발견했나요? 만약 그렇다면, 결코 부끄러워할 일이 아닙니다. 오히려 자신을 마주하고 그런 모습을 알아차렸다는 것만으로도 이미 소중한 자기 이해의 첫걸음을 내디딘 것이니까요. 때로 우리는 감정을 표현하는 데 서툴고 어색할 수 있습니다. 그러나 그 어색함을 인지하는 순간이 바로 자신을 깊이 들여다볼 수 있는 중요한 기회가 됩니다.

한번 조용히 자신을 돌아보세요. 이런 감정 표현의 어려움이 언제, 어떤 상황에서 더 두드러지는지 천천히 살펴보는 겁니다. 특정한 사람과의 관계에서 유독 더 표현하기가 어려운지, 아니면 모든 사람들과 비슷한 문제를 겪고 있는지, 혹은 분노나 슬픔, 기쁨 같은 특정 감정을 표현할 때 더 힘이 드는지 주의 깊게 관찰해보세요. 이러한 작은 관찰 하나하나가 당신의 내면 세계를 더욱 깊이 이해하는 열쇠가 되어줄 것입니다.

마음속에 숨겨둔 감정은 사라지지 않습니다. 언젠가 다른 모습으로 우리의 관계 속에 나타나게 됩니다. 변화는 거창할 필요가 없습니다. 오늘 가까운 사람에게 솔직하게 감정 하나를 표현해보는 것으로도 충분합니다.

솔직함과 무례함 사이에서
고민할 때

"솔직히 말해서…"라고 운을 뗐을 때, 상대방의 얼굴이 순간적으로 굳어지는 것을 본 경험이 혹시 있으신가요? 분명 좋은 의도를 가지고 시작한 말인데도 상대는 당혹스러워하거나 상처받고, 반대로 필요한 말을 꺼내지 못한 채 시간이 흘러 관계가 소원해진 기억은 누구나 한 번쯤 있을 것입니다. 회사에서는 솔직한 의견과 직언이 환영받지만, 가족이나 친지와의 자리에서는 완곡한 표현과 돌려 말하기가 미덕으로 여겨집니다. 우리는 그 사이에서 자주 갈등합니다. 어디까지가 솔직함이고, 어디서부터가 무례함인 걸까요.

얼마 전, 친구와 식사를 하며 나눈 대화가 떠오릅니다. 친구는 최근 자신이 구상한 사업 아이디어를 설레는 표정과 함께 열정적으로 설명하고 있었습니다. 하지만 그 사업은 누가 봐도 위험 부담이 컸습니다.

저는 말을 꺼내야 할지, 아니면 조용히 응원만 해야 할지 마음속으로 망설였습니다. "이건 너무 위험한 것 같은데"라고 솔직하게 말하면 친구의 넘치는 열정을 한순간에 꺼트릴까 봐 두려웠고, 반대로 아무런 조언 없이 그저 침묵만 지키면 진정한 친구의 역할을 하지 못한 것 같아 마음이 불편했습니다.

심리학에서는 이러한 소통 방식을 자기주장(assertiveness)과 공격성(aggressiveness)으로 나누어 설명합니다. 자기주장은 자신의 생각과 감정을 분명하게 표현하면서도 타인의 감정과 권리를 충분히 배려하는 균형 잡힌 의사소통 방식입니다. 이에 반해 공격성은 상대방의 경계를 고려하지 않은 채 자신의 의견을 지나치게 강조하는 태도로, 상대의 마음을 다치게 하고 관계를 훼손하는 결과를 낳습니다. 이 두 방식 사이의 경계는 생각보다 훨씬 더 미묘하며, 문화적 배경과 상대방과의 관계에 따라 그 위치가 조금씩 달라지기도 합니다.

소통에는 내용과 관계라는 두 가지 차원이 존재합니다. 이 원칙은 우리가 아무리 좋은 의도(내용)로 말을 건넸다 해도, 그 말이 상대방과의 관계에서 부정적으로 받아들여진다면 의도와 달리 무례하거나 불쾌한 메시지로 전달될 수 있음을 의미합니다. 즉, 무엇을 말하느냐보다 그것을 어떻게 말하는지가 때로는 훨씬 중요하다는 점을 잊지 말아야 합니다.

문화와 세대를 넘나드는
소통의 변화

한국 사회의 소통 환경은 점점 더 복잡해지고 있습니다. 각 세대마다 기대하는 소통의 방식이 뚜렷하게 다르기 때문이죠. 예컨대 50대 부장님은 후배의 직접적인 의견 표현을 무례하다고 느낄 수 있지만, 20대 후배 입장에서는 오히려 그런 솔직함이 진정성 있는 소통으로 다가올 수 있습니다. 가족 관계 역시 비슷합니다. 과거에는 부모님께 솔직히 의견을 내는 것이 불효로 받아들여졌다면, 이제는 그것이 건강하고 열린 가족 소통의 필수적인 부분으로 점차 자리 잡아가고 있습니다.

직장에서 상사에게 "이 방식은 효율적이지 않은 것 같습니다"라고 의견을 표현하는 것은 불과 20년 전만 해도 상상하기 어려운 일이었습니다. 하지만 오늘날 많은 기업에서는 오히려 이러한 솔직한 피드백을 권장하고 있습니다. 그렇지만 똑같은 말이라도 모두가 지켜보는 회의실에서 말하는 것과 개인적인 자리에서 조심스럽게 이야기하는 것은 완전히 다른 결과를 가져올 수 있습니다. 말이 놓인 맥락에 따라 메시지의 의미가 달라질 수 있다는 것을 기억해야 합니다.

특히 디지털 소통은 이러한 균형 맞추기에 또 다른 도전 과제가 되고 있습니다. 메신저나 이메일과 같은 비대면 환경에서는 표정과 어조가 사라지기 때문에 똑같은 말이라도 더 차갑게 느껴질 때가 많습니다. "검토해볼게요"라는 말도 직접 얼굴을 마주하고 말할 때는 미소와 함께 긍정적인 뉘앙스로 전달될 수 있지만, 문자 메시지에서는 무관심하거나 거부하는 의미로 잘못 읽힐 수 있습니다. 물론 이모티콘이 이런 미묘한 차이를 줄여주기도 하지만, 그 해석은 여전히 사람마다 다르기 마련입니다.

솔직함을 말하기 전에
확인해야 할 것들

그렇다면 이 균형을 현명하게 찾아가는 방법은 무엇일까요? 저의 경험을 돌아보며 몇 가지를 생각해보았습니다.

솔직함의 목적을 깊이 생각하는 것이 중요합니다. "내가 솔직하게 표현하는 이유가 무엇인가?"라고 스스로에게 물어보는 것이죠. 만약 상대를 비난하거나 단지 내 감정을 풀기 위한 목적이라면, 그것은 진정한 솔직함이 아니라 자기중심적인 표현일 가능성이 높습니다. 반대로 관계 개선이나 문제 해결을 목표로 한 솔직함이라면 그 표현 방식도 상대방을 배려하는 방향으로 자연스럽게 바뀌게 됩니다.

공개적인 자리에서 지나치게 직설적인 피드백은 상대의 자존심과 체면에 큰 상처를 줄 수 있고, 관계를 망치는 결정적 원인이 될 수도 있습니다. 조용한 자리를 먼저 마련하고, 상대가 들을 준비가 되어 있는지를 살피는 일이 먼저입니다.

언어적 표현과 비언어적 소통 요소의 조화가 중요합니다. 똑같은 말도 어떤 어조와 표정 그리고 몸짓으로 전하는지에 따라 상대가 받아들이는 느낌이 크게 달라집니다. 특히 한국 사회에서는 직설적인 말도 부드러운 목소리와 겸손한 태도로 전달할 때 무례함보다는 진심 어린 조언으로 받아들여질 가능성이 훨씬 높아집니다.

제가 깨달은 것은 솔직함과 무례함 사이의 균형이란 결국 말하는 사람의 의도와 표현 방식의 문제라는 점입니다. 앞서 말했던 친구의 사업 아이디어에 대해 고민 끝에 저는 개인적인 자리에서 이렇게 말했습니다. "네가 가진 열정과 아이디어가 정말 멋지고 인상적이야. 다만 내가 조금 걱정되는 부분은 초기 투자 대비 수익성 부분이야. 이 부분에 대한 계획을 조금 더 구체화해보면 어떨까?" 이렇게 접근했더니 친구는 오히려 고마워하며 계획을 다듬고 발전시켜 나갈 수 있었습니다. 만약 제가 단지 "그건 위험해"라고만 툭 던졌다면, 아마 우리 관계는 전혀 다른 방향으로 흘러갔겠지요.

제가 개인적으로 가장 효과를 본 방법은 스스로에게 세 가지 질문을 먼저 던져보는 것입니다. 지금 이 말이 꼭 필요한가? 내가 이 말을 하려는 진정한 목적은 무엇인가? 상대가 이 말을 가장 잘 받아들일 수 있는 방법은 무엇인가? 이 질문들을 통해 저는 솔직한 표현의 의도와 전달 방식을 다시 한번 돌아볼 수 있었습니다.

진정한 솔직함이란 단순히 내 생각을 아무렇게나 쏟아내는 것이 아니라, 상대와의 관계 속에서 진정으로 의미 있는 대화를 만들어가는 과정입니다. 때로는 침묵이 더 솔직한 태도일 수도 있고, 때로는 꼭 말해야 하는 순간이 있습니다. 중요한 것은, 그러한 선택이 상대와 관계에 대한 진정한 존중과 배려에서 비롯되어야 한다는 점입니다.

소통에 정답은 없습니다. 솔직한 말을 꺼내야 하는 순간이 오면, 1초만 멈춰보세요. 1초가 생각보다 많은 것을 바꿔줍니다.

내 기분을 말하는 연습부터
시작하자

"괜찮아요?"라는 질문에 습관처럼 "네, 괜찮아요"라고 대답하지만, 사실 마음 깊숙한 곳에서는 전혀 괜찮지 않을 때가 있습니다. 이런 말과 마음의 불일치가 반복되면 표현되지 못한 감정들이 차곡차곡 쌓이고 맙니다. 언젠가는 터져 나올 수밖에 없는 그 감정들은 관계 속에 벽을 만들고, 진정한 대화로 이어지는 길을 가로막게 됩니다.

말하지 않은 감정이
몸을 아프게 할 때

정신과 의사로서 저는 한국에서만 볼 수 있는 독특한 문화 관련 증후

군(culture-bound syndrome)인 '화병' 환자들을 자주 마주합니다. 화병이란 분노나 억울함 같은 부정적 감정을 제대로 표현하지 못하고, 오랜 세월 억눌러온 결과로 나타나는 증상입니다. 두통, 가슴이 답답한 느낌, 불면증, 우울감 등 신체적이고 정신적인 고통이 다양하게 나타나곤 합니다. 현대 의학에서는 우울증, 공황장애, 신체증상장애 등 여러 가지 진단명으로 나누어 설명하지만, 그 근본에는 자신의 감정을 억누르고 남들의 감정이나 상황만 지나치게 배려하는 이른바 '눈치 문화'가 자리하고 있다고 생각합니다.

50대의 한 여성 환자는 30년간 시어머니를 모시면서 자신의 불만과 서운한 감정을 단 한 번도 표현하지 못했습니다. 결국 심각한 불면증과 두통, 소화불량으로 저를 찾아왔습니다. 그녀는 힘없는 목소리로 말했습니다. "제 감정은 중요하지 않다고 생각했어요. 가족의 평화를 위해 참는 것이 미덕이라고 배웠으니까요." 이렇게 자기 감정보다 다른 사람과의 관계를 우선시하는 태도는 당장은 갈등을 피할 수 있을지 모르지만, 장기적으로는 더 큰 건강 문제와 관계의 단절로 돌아오게 됩니다.

정서 지능(emotional intelligence)의 창시자인 피터 샐러비(Peter Salovey)와 존 메이어(John Mayer)는 감정을 인식하고 표현하는 것이 정서 지능의 가장 중요한 첫걸음이라고 설명합니다. 이 과정은 단순히 "나는 화가 났어"라고 말하는 것보다 훨씬 더 깊은 의미가 있습니다. 자신의 감정을 정확히 인식하고 그에 적절한 이름을 붙여 표현할 줄 아는 능력은 대화의 진정성과 깊이를 결정하는 기반이 됩니다.

UCLA의 매슈 리버먼(Matthew Lieberman) 교수 연구팀은 감정에 정확한 이름을 붙이는 행위(affect labeling)가 뇌의 편도체 활성화를 낮춘다는 사실을 밝혔습니다. 이는 자신의 감정을 말로 정확히 표현하는 것만으로도 감정의 강도를 조절하고 더 안정적이며 균형 잡힌 소통을 가능하게 한다는 것을 의미합니다.

감정을 표현하지 않는 습관은 대화의 질뿐 아니라 관계의 깊이에도 심각한 영향을 미칩니다. 외래에서 종종 듣게 되는 말 중 하나가 "우리 부부는 매일 대화를 나누지만, 정말 중요한 이야기는 하지 않아요"라는 표현입니다. 겉으로 보기엔 별다른 문제가 없는 듯 일상의 대화를 나누지만, 감정이 빠진 채 오가는 이야기는 공허합니다. 이렇게 마음을 닫고 살아가는 관계를 사람들은 흔히 "함께 있지만 외로운 사이"라고 표현합니다. 마음과 마음을 잇지 못한 소통은 서서히 관계의 친밀감과 연결성을 약화시키고 맙니다.

감정 표현,
이렇게 시작해보세요

감정을 말로 꺼내는 건 낯선 언어를 배우는 것과 비슷합니다. 어색하고 쉽게 떠오르지 않을 수도 있습니다. 하지만 꾸준히 연습하다 보면 어느 순간 자연스럽게 자신의 감정을 표현하고 있는 스스로를 발견하게 됩니다.

먼저, 대화 속에서 내 감정을 자각하는 습관부터 시작합니다. 상대방의 말이나 행동에 나도 모르게 반응할 때, 잠시 멈추고 스스로에게 물어봅니다. "지금 나는 어떤 감정을 느끼고 있지?" 감정은 종종 신체적인 신호로 먼저 우리에게 말을 겁니다. 가슴이 두근거리거나, 목이 답답하고 메이는 듯한 느낌이 들거나, 어깨에 긴장감이 느껴질 때. 이런 몸의 반응들은 내가 아직 명확히 알아차리지 못한 감정을 알려주는 단서입니다.

감정에 구체적인 이름을 붙이는 연습도 도움이 됩니다. 우리는 "기분이 안 좋아"라는 모호한 말로 감정을 뭉뚱그리곤 합니다. "실망했어, 당황스러웠어, 불안했어"처럼 구체적인 감정 단어를 쓰는 것만으로도 달라집니다. 감정 어휘가 풍부해지면 내 마음 상태를 더 정확히 이해할 수 있고, 상대방 또한 나를 더 깊이 이해하는 데 도움이 됩니다.

처음부터 모든 사람에게 솔직해질 필요는 없습니다. 나를 진심으로 이해해주는 친구나 가족과 먼저 연습하고, 천천히 다른 관계로 확장해나갑니다. 감정 일기도 효과적인 방법입니다. "오늘 회의에서 내 의견이 무시당했을 때, 나는 무능하다고 느껴져 속상했다"처럼 상황과 감정을 연결해서 기록하다 보면, 자기 감정의 윤곽이 점점 선명해집니다.

일상에 감정 표현을 끼워넣습니다. 하루에 한 번이라도 "지금 나는 ~을 느끼고 있어"라고 소리 내어 말해봅니다. 처음에는 낯설고 어색할 수 있지만, 차츰 입 밖으로 나오게 됩니다. 기쁨이나 행복 같은 긍정적 감정부터 시작하고, 점차 불안이나 실망, 분노 같은 감정으로 폭을 넓혀갑니다. 감정에 좋고 나쁜 것은 없습니다. 모든 감정은 내 마음이 보내는 메시지입니다.

눈치 보지 말고
표현해야 하는 이유

많은 사람이 평생을 자기 감정은 뒤로 미룬 채 오직 타인의 눈치만 보며 살다가 몸과 마음에 병이 들어 병원을 찾게 된다는 사실이 안타깝습니다. '눈치'라는 사회적 기술이 한국 사회에서는 필수적인 생존 전략일 수 있지만, 그것이 지나쳐 자기 감정과 필요를 외면하는 수준에 이르게 되면 심각한 건강 문제로 이어질 수밖에 없습니다.

한국 사회에서 감정을 솔직히 표현하는 것이 쉬운 일은 아닙니다. 우리는 어릴 적부터 "참을 인(忍) 세 번이면 살인도 면한다"는 속담을 귀에 못이 박히도록 들어왔습니다. 감정을, 특히 부정적인 감정을 솔직하게 드러내기보다 참는 것을 더 큰 미덕으로 여기며 자랐지요. 또한 위계질서가 강한 사회 구조 안에서 자신의 감정을 솔직히 표현하는 것은 종종 '예의 없는 행동'으로 오해받기도 합니다.

앞서 소개했던 50대 여성 환자의 사례를 다시 떠올려봅니다. 그녀는 치료를 통해 감정을 조금씩 꺼내 말로 표현하는 연습을 해나갔습니다. 처음엔 겨우 "조금 불편해요"라는 짧은 말밖에 하지 못했지만, 차츰 용기를 내어 "이런 상황이 반복될 때 저는 무시당한 느낌이 듭니다"라고 자신의 감정을 명확하게 전할 수 있게 되었습니다. 그러자 놀라운 변화가 찾아왔습니다. 오랜 세월 그녀를 괴롭히던 두통과 불면증이 눈에 띄게 나아졌고, 가족들과의 관계에도 이전에는 없었던 진솔한 대화가 자리잡기 시작했습니다. 그녀는 그 시간을 돌아보며 이렇게 이야기했습니다. "30년 동안 참고만 살았던 것들을 이제야 비로소 입 밖으로 꺼낼 수 있게 되었어요. 처음에는 무척 두려웠는데, 오히려 가족들이 저를 더 이해해주기 시작했습니다."

감정 표현의 가장 깊은 의미는 나 자신과의 관계에서 찾아볼 수 있습니다. 우리가 스스로의 감정을 솔직하게 인정하고 말로 꺼낼 때, 우리는 자기 자신에게 "너의 감정은 소중하다"는 따뜻한 메시지를 보내게 됩니다. 이는 진정한 자기 존중이며, 건강한 자아를 세우는 데 없어서는 안 될 기초입니다. 반대로 감정을 억누르고 외면하는 습관은 시간이 흐를수록 내면의 목소리를 듣기 어렵게 만들고, 내가 어떤 사람인지, 무엇을 진정 원하는지조차 희미하게 만들어버립니다.

감정을 솔직하게 표현하는 것은 다른 사람을 위한 일이 아니라, 나 자신을 위한 따뜻한 투자입니다. 표현되지 못한 감정은 결코 저절로 사라지지 않고, 화병과 같은 형태로 우리 몸과 마음을 서서히 갉아먹으며 소중한 관계까지 병들게 할 수 있습니다. 가장 가까운 사람이나, 혼자 조용히 스스로에게 지금 진짜로 느끼고 있는 감정에 이름을 붙이고 천천히 말해보세요.

관계의 신뢰가 쌓이는
건설적인 피드백 방법

누구나 한 번쯤 이런 경험이 있지 않으신가요? 동료가 열심히 준비한 기획안에 뚜렷한 문제가 보일 때, 지적해야 할지 말지 망설이게 됩니다. 친구가 신나서 시작한 사업 아이디어가 비현실적으로 보일 때, 솔직하게 의견을 말했다가 관계가 어긋날까 봐 두려움이 앞섭니다. 사랑하는 애인의 반복되는 습관이 불편하지만, 자칫 말했다가 상처를 줄까 걱정되어 침묵을 택하기도 합니다.

비판이나 부정적 의견을 전달해야 하는 순간에 우리는 늘 두 가지 갈림길에서 흔들립니다. 솔직히 의견을 말하자니 소중한 관계가 위태로워질까 두렵고, 말을 삼키자니 내면의 불편함이 커져갑니다. 하지만 이 두 극단 사이에는 상대의 감정을 충분히 존중하면서도 필요한 말을 전달할 수 있는, 부드러운 균형점이 존재합니다.

왜 비판은
늘 어려울까

부정적 피드백을 전달하는 일이 어렵게 느껴지는 이유는 우리 뇌의 본능적인 생존 메커니즘과 관련이 있습니다. 누군가 비판을 받으면 우리의 뇌에서는 즉시 편도체가 활성화되어 '위협-대응(fight-or-flight response)' 상태로 들어갑니다. 수만 년 전 집단에서의 추방은 곧 '사형 선고'와 다름없었기에 부정적 평가를 곧 치명적인 위협으로 인식하게 된 것입니다. 원시 시대부터 이어져온 이 본능적 반응은, 현대의 복잡한 사회적 관계 속에서도 여전히 강력히 작동합니다.

인지 부조화 이론(cognitive dissonance theory)은 이 상황을 좀 더 깊게 이해하는 데 도움을 줍니다. 비판을 받으면, 자신이 가진 긍정적인 자아상과 외부의 부정적 평가 사이에 괴리가 생깁니다. 이 괴리에서 오는 불편함을 해소하려다 보니, 우리는 방어적으로 변명을 늘어놓거나 상대의 의견을 반박하거나, 때로는 아예 무시해버리는 반응을 보이게 됩니다.

우리가 비판을 피하는 이유는 단순히 두려워서만이 아닙니다. 인간은 본능적으로 관계와 소속감을 중요하게 생각하는 사회적 존재이기 때문입니다. 이 심리를 모른 채 건네는 비판은 아무리 정확해도 상대에게 닿지 않습니다.

건설적인 피드백과 파괴적인 비판은 본질적으로 그 초점과 의도가 다릅니다. 건설적인 피드백은 상대방이 보여준 행동이나 그 결과물 자체에 초점을 맞추고, 변화가 가능한 부분을 구체적으로 이야기합니다. 반면 파괴적인 비판은 상대의 인격을 직접적으로 건드리거나, 지나치게 일반화하며, 이미 바꿀 수 없는 과거에 매달리게 됩니다.

"이 보고서에는 주요 데이터가 빠져 있어서 결론의 설득력이 조금 떨어져요"와 "당신은 항상 중요한 걸 놓쳐요"는 같은 문제를 지적하더라도 상대방에게 완전히 다른 메시지로 다가갑니다. 전자는 분명하고 구체적인 개선 방법을 알려주지만, 후자는 상대의 자존감을 흔들고 방어적인 태도를 자극할 뿐입니다.

그렇다면 어떻게 말해야 할까요. 제가 진료실 안팎에서 실제로 써보고 효과를 본 방법들이 있습니다. 적절한 시기와 장소를 선택합니다. 비판적인 이야기는 언제나 조용하고 개인적인 공간에서 나누는 것이 좋습니다. 많은 사람이 지켜보는 자리에서 상대방의 실수를 지적하면, 그 사람의 체면을 손상시켜 방어적 태도를 강화하기 쉽습니다. 또한 서로 충분한 시간을 확보할 수 있는지도 중요합니다. "지금 잠깐 얘기할 시간이 있으세요?"와 같은 질문 하나만으로도 상대가 심리적으로 이야기를 준비할 여유를 갖게 해줍니다.

제가 존경하는 교수님 한 분은 제자들에게 논문 피드백을 줄 때 항상 이렇게 접근합니다. "논문에 대해 몇 가지 의견을 함께 나누고 싶은데, 지금 시간이 괜찮아? 한 20분 정도 걸릴 것 같아." 미리 이런 안내를 해주면 학생들은 자연스럽게 마음을 열고 피드백을 받아들이게 됩니다. 갑자기 마주한 비판은 내용이 아무리 좋더라도 사람을 긴장시키고 방어적이게 만듭니다.

샌드위치 접근법은 흔히 '칭찬-비판-칭찬'으로 잘 알려진 피드백 방법입니다. 하지만 이 방법을 형식적으로 사용하면 역효과가 날 수도 있습니다. 상대방은 첫 칭찬을 들으면서 "이제 비판이 나오겠구나"라고 예상하게 되어, 오히려 긴장감이 높아지기도 합니다. 중요한 것은 형식이 아니라 진정성입니다. 따라서 상대에게 진짜 통하는 샌드위치 접근법은 진심에서 나오는 칭찬과 구체적인 개선점을 함께 전하는 것입니다.

"이번 프레젠테이션에서 시장 분석 데이터를 정말 꼼꼼하고 인상적으로 정리해주셨더라고요. 특히 경쟁사 분석은 뛰어난 부분이 많았어요. 그런데 결론 부분에서 논리가 조금 더 강화되면 핵심 메시지의 설득력이 훨씬 좋아질 것 같아요. 이 부분만 잘 다듬으면 프로젝트 승인 가능성이 아주 높아질 것 같습니다."

이 방법의 진정한 가치는 비판을 감추는 데 있지 않습니다. 상대의 가치를 진정으로 존중하고 인정하면서, 동시에 개선점을 분명하게 제시하는 데 있습니다.

　비판은 '관찰'과 '영향', 이 두 가지로 전하면 됩니다. 비판할 때는 주관적인 판단이나 개인적인 해석보다 객관적으로 관찰한 사실과 그것이 가져온 영향을 중심으로 이야기하는 편이 좋습니다. 이렇게 하면 상대방을 비난하지 않으면서도 문제를 분명히 전달할 수 있습니다.

　가령 팀 프로젝트에서 동료가 자료 준비를 계속 늦추고 있다면 이렇게 말할 수 있습니다. "지난 세 번의 회의에서 자료 준비가 계속 미뤄졌고요(관찰), 그로 인해 프로젝트 일정이 2주 정도 밀리게 됐어요(영향). 다음 회의까지 준비가 어렵다면 어떤 부분에서 도움이 필요한지 함께 이야기하고 해결 방법을 찾아보면 좋겠습니다(제안)."

　이렇게 표현하면 "당신은 책임감이 부족해요" 같은 인격적인 비난 없이도 문제 상황과 그것이 왜 중요한지 충분히 전달할 수 있습니다.

관계를 살리는
5:1의 마법

사실 완벽한 비판의 방법이란 없습니다. 같은 말을 하더라도 관계의 신뢰도와 평소의 상호작용에 따라 그 말이 전혀 다르게 받아들여지기 때문입니다. 평소에 신뢰를 잘 쌓아놓는 것이 중요한 이유가 바로 여기에 있습니다.

존 고트만 등 관계 심리학 연구자들은 이것을 '정서적 은행 계좌(emotional bank account)'에 비유했습니다. 긍정적인 경험은 입금, 갈등이나 비판은 출금입니다. 평소에 충분한 애정과 존중이 쌓여 있다면, 때때로 비판이 있어도 관계는 흔들리지 않습니다. 실제로 건강한 부부 관계를 유지하려면 긍정과 부정의 비율이 최소 5:1이어야 한다는 연구 결과도 있습니다.

한 커플 사례가 이 원리를 잘 보여줍니다. 결혼 10년 차인 부부 A 씨와 B 씨는 서로에게 정확히 같은 말로 비판을 했지만, 반응은 완전히 달랐습니다. A 씨는 평소에 배우자에게 '사랑해, 고마워, 잘했어'와 같은 긍정적인 말을 자주 해왔습니다. 반면 B 씨는 평소에 거의 불만만 표현해왔죠. 결과적으로, A 씨가 한 비판은 상대방이 '나를 위해 하는 조언'으로 받아들였지만, B 씨의 동일한 비판은 '또 다른 비난'으로 받아들여져 큰 다툼이 되었습니다. 이것이 바로 평소 쌓아둔 '정서적 신뢰'의 차이가 만드는 결과입니다.

비판은 단지 말의 기술만으로는 부족합니다. 그 안에는 진심 어린 태도와 상대방의 성장을 바라는 진정한 마음이 담겨 있어야 합니다. "그건 좀 아닌 것 같아요"라는 말을 할 때 가장 중요한 것은 평소에 "당신의 의견을 존중하고, 당신의 생각이 소중합니다"라는 신뢰를 충분히 쌓아둔 후에 표현하는 것입니다. 결국 표현의 기술보다 그 말이 오가는 관계의 깊이가 더 크게 작용합니다.

비판을 두려워하고 피하기만 하는 관계는 깊은 친밀감을 누리기 어렵습니다. 솔직함은 관계를 해치는 것이 아니라 오히려 더 견고하게 만드는 힘입니다. "그건 좀 아닌 것 같아"라는 말이 상처가 아니라 신뢰의 증거가 되는 관계. 그런 관계가 가능한지는 그 말을 꺼내기 전까지 내가 어떤 말들을 해왔느냐에 달려 있습니다.

불편한 대화에서
감정을 다치는 이유

회의 중 상사의 피드백을 듣다가 갑자기 목이 메이거나, 연인과의 대화에서 예기치 않게 감정이 폭발한 경험, 누구나 한 번쯤 있을 것입니다. 우리는 어려운 대화를 앞두고 매번 "이번만큼은 감정적으로 반응하지 말아야지"라고 다짐하지만, 막상 상황이 닥치면 이런 결심은 무기력해지기 쉽습니다. 분명 이성적으로 대응하려 노력하지만, 어느 순간 감정이 넘쳐나 심장이 요동치고 목소리도 떨립니다. 이는 우리가 마음먹는다고 쉽게 제어할 수 없는 인간 심리의 복잡한 작용 때문입니다. 머리로는 정답을 알고 있지만, 상처받고 싶지 않은 연약한 진심이 이성보다 먼저 몸의 언어로 터져나오고 마는 것이지요.

정서적 하이재킹,
이성을 넘어서는 감정의 파도

25살 은정 씨는 대기업 마케팅 부서에 입사한 지 석 달 된 신입사원입니다. 첫 프로젝트였던 행사를 맡아 열정과 긴장 속에 준비했지만, 예상치 못한 상황에서 회사 규정을 어기고 예산 초과로 물품을 구매하게 되었습니다. 행사를 마친 후 정산을 하던 총무과 김 대리가 조심스럽게 규정을 다시 한번 언급하자, 은정 씨는 예상치 못하게 눈물이 왈칵 쏟아지고 말았습니다.

"죄송합니다… 정말 최선을 다했는데… 행사를 망칠까 봐 급해서…"

당황한 김 대리는 어쩔 줄 몰라 했고, 이를 본 팀장이 부드럽게 상황을 진정시키며 말을 꺼냈습니다.

"은정 씨, 괜찮아요. 누구나 처음에는 실수할 수 있어요. 이번 일은 규정을 다시 확인하는 차원에서 말씀드린 거예요. 앞으로 비슷한 상황이 생기면 미리 상의해보면 좋을 것 같아요. 같이 해결 방법을 찾아볼게요."

이러한 상황은 은정 씨가 단지 '감정적'이거나 '미성숙'해서 벌어진 일이 아닙니다. 심리학자 대니얼 골먼(Daniel Goleman)이 설명한 '정서적 하이재킹(emotional hijacking)'이라는 현상 때문입니다. 위험을 감지한 순간, 우리 뇌의 편도체(감정 중추)가 이성적 판단을 담당하는 전두엽의 기능을 일시적으로 압도합니다. 자동차의 비상 브레이크처럼 위급 상황에서 우리의 뇌는 생존을 위해 감정 시스템에게 우선권을 주도록 설계되었습니다.

신경과학적 연구에 따르면, 사회적 거절이나 비판을 받을 때 활성화되는 뇌 영역은 실제로 신체적 고통을 느낄 때와 비슷합니다. 즉, 사회적 상처도 뇌가 실제로 아픔으로 느끼고 기억한다는 의미입니다. 몸이 아플 때 먹는 해열진통제(아세트아미노펜 등)를 복용하면 신체적 통증뿐만 아니라 마음의 상처도 일시적으로 덜 느끼게 된다는 재미있는 연구 결과도 있습니다.

은정 씨의 사례에서 김 대리의 피드백은 단지 업무 절차에 대한 안내였지만, 은정 씨는 그것을 '자신의 가치나 능력을 부정하는 위협'으로 받아들였을 가능성이 큽니다. 이때 흘린 눈물은 단순히 약한 모습을 보인 것이 아니라, 심리적 위협에 맞서 일어나는 자연스러운 반응이었던 셈입니다. 특히나 자신의 가치를 일의 성과와 밀접하게 연결짓는 사람일수록 이런 반응은 더 강렬하게 나타나곤 합니다.

보이지 않는 지뢰밭, 과거가 현재 대화에 미치는 영향

우리가 불편한 대화 속에서 상처받는 또 하나의 중요한 이유는 바로 '감정적 트리거(emotional triggers)' 때문입니다. 특정한 단어나 표현, 또는 상황이 나도 모르게 내 안의 깊은 감정을 건드릴 때, 강렬한 반응이 촉발되곤 합니다. 살아가면서 누구나 자신만의 민감한 주제나 표현 방식을 갖게 됩니다. 마치 보이지 않는 감정의 지뢰밭처럼 일상 속 대화에서 누군가 우연히 그 지점을 밟으면 생각지도 못한 강렬한 감정이 솟아오릅니다.

영국의 정신의학자 존 볼비(John Bowlby)는 '애착 이론(attachment theory)'을 통해 이와 같은 현상에 중요한 통찰을 줍니다. 볼비는 우리가 어린 시절 양육자와 맺은 관계에서 형성된 정서적 반응 패턴이 성인이 되어서도 특정 상황에서 자동적으로 되살아난다고 설명합니다. 어릴 때 실수할 때마다 심하게 비판받던 사람이라면 성인이 된 후 작은 피드백에도 과도한 두려움이나 방어적 반응을 보일 수 있습니다.

현재의 불편한 대화가 과거의 미해결된 감정적 상처와 연결되는 일은 흔히 무의식적으로 일어납니다. 그래서 "내가 왜 이렇게까지 민감하게 반응했지?" 하고 스스로를 의아해하게 되기도 합니다.

게다가 불편한 대화 상황에서는 말의 '내용' 그 자체보다 말이 전해지는 '방식'이 더욱 중요하게 다가옵니다. 상대방의 표정, 목소리의 높낮이, 손짓 같은 비언어적 신호가 말과 어긋날 때 우리는 무의식적으로 불안감을 느끼게 됩니다. 누군가 "괜찮아, 전혀 화 안 났어"라고 말하지만, 표정이 굳어 있고 목소리가 날카롭다면 우리는 본능적으로 그 불일치를 감지하고 불안과 방어적 반응을 더 강하게 느끼게 됩니다.

안전한 대화 공간,
감정을 보호하는 근본 조건

불편한 대화에서 감정이 상하는 것은 피할 수 없는 현실입니다. 하지만 그 상처의 깊이와 파장은 대화가 이루어지는 '심리적 공간'의 안전성에 따라 크게 달라질 수 있습니다. 심리적으로 안전한 환경이란, 우리가 실수하거나 부족함을 드러내도 쉽게 비난받지 않을 것이라는 신뢰가 밑바탕에 깔린 곳을 의미합니다.

은정 씨의 사례를 다시 한번 생각해봅시다. 만약 회사가 '실수는 성장의 기회'라는 문화를 자연스럽게 공유하고 있었다면 어땠을까요? 김 대리가 먼저 은정 씨의 노력을 충분히 인정한 뒤에 개선점을 제안했다면, 은정 씨는 분명히 다른 반응을 보였을 것입니다.

이러한 안전한 대화 공간의 부족은 개인의 문제가 아니라 조직과 관계 속의 문화적 맥락에서 비롯됩니다. 완벽함만이 인정받고 작은 실수조차 용납되지 않는 분위기에서는 사소한 조언이나 지적조차 커다란 위협처럼 느껴질 수밖에 없습니다. 반대로 서로의 선한 의도를 믿고 발전을 위한 피드백이 자유롭게 오가는 관계에서는 똑같은 말이라도 훨씬 편안하게 수용할 수 있습니다.

심리적 안전감은 관계와 상황마다 다양한 형태로 만들어집니다. 직장에서는 업무 평가가 곧 자기 정체성과 연결되는 경우가 많아 작은 피드백에도 크게 흔들릴 수 있습니다. 특히 사회 경험이 적은 직원들은 업무 결과와 자기 가치를 동일시하기 쉬워 더 민감하게 반응할 수밖에 없습니다.

친밀한 관계에서는 서로에 대한 기대가 현실과 어긋날 때 가장 큰 상처를 받습니다. 연인이나 오랜 친구 사이에서 "너라면 나를 이해할 줄 알았는데…"라는 실망감은 단순히 의견이 다른 것과는 차원이 다른 깊은 감정적 아픔을 줍니다. 친밀한 사이일수록 기대가 크고, 그래서 실망의 깊이도 더욱 깊어지는 것이죠.

불편한 대화에서 감정적으로 반응하는 것은 결함이 아닙니다. 우리 모두가 가진 인간적인 특성입니다. 다만, 내가 어떤 말에 특히 민감한지를 알고 있느냐 모르고 있느냐의 차이는 큽니다. "나는 언제 가장 예민하게 반응하지?" 이 질문을 스스로에게 던질 수 있을 때, 감정에 완전히 휩쓸리지 않고 한 발짝 떨어져 바라볼 여유가 생깁니다.

'할 말은 하는 사람'이
되는 용기

두 명의 대학생이 학과 회의에 참석했습니다. 교수는 새 교육과정에 대한 학생들의 의견을 물었고, 대부분 학생들은 긍정적인 반응을 보였습니다. 다은 씨는 몇 가지 문제점이 보였지만, 혼자서 다른 의견을 낸다는 것이 부담스럽고 어려워서 말을 꺼내지 못했습니다. 반면 수현 씨는 조심스럽지만 분명한 목소리로 "좋은 점도 많지만, 몇 가지는 보완이 필요하지 않을까요?"라며 자신의 생각을 조심스럽게 전달했습니다. 교수와 다른 학생들은 수현 씨의 의견에 고개를 끄덕이며, 그 의견을 적극적으로 수용해 계획을 개선했습니다. 민지 씨는 회의가 끝난 후에야 "나도 같은 생각을 했었는데…"라며 혼자 마음속으로 아쉬움을 되새겼습니다.

생각해보면 우리 모두 다은 씨와 같은 경험이 있을 것입니다. 꼭 말해야 할 순간에 침묵을 택하고 나중에 후회하거나, 불합리한 상황에서도 제대로 목소리를 내지 못해 마음속에 답답함과 분노를 쌓아본 적 말입니다. 그렇다면 수현 씨처럼 '할 말은 할 수 있는 사람'이 되기 위해 필요한 단단한 용기는 어디에서 오는 것일까요?

나만 주목받는다는 착각
스포트라이트 효과의 덫

중요한 순간에 우리는 왜 말을 꺼내기 어렵게 느낄까요? 심리학자들은 이런 마음의 벽을 '스포트라이트 효과(spotlight effect)'로 설명합니다. 이 효과를 처음으로 밝힌 코넬 대학교의 토머스 길로비치(Thomas Gilovich) 교수에 따르면, 우리는 종종 자신의 행동이나 외모가 다른 사람들에게 실제보다 더 많이 주목받고 있다고 착각하는 경향이 있다고 합니다.

길로비치 교수는 2000년에 발표한 한 연구에서 참가자들에게 독특한 디자인의 티셔츠를 입히고 다른 사람들 앞에 서게 했습니다. 이후 참가자들에게 물었습니다. "과연 몇 명이나 그 티셔츠를 눈치챘을까요?" 참가자들의 예상은 실제 알아본 사람들보다 평균 두 배나 높았습니다. 즉, 우리는 실제보다 타인의 시선을 훨씬 더 크게 느끼고 있는 것입니다.

예컨대 회의에서 의견을 말하려 할 때, 흔히 이런 생각에 사로잡힙니다. "모두 내 의견을 비판적으로 바라볼 거야, 내 생각이 틀리면 얼마나 창피할까?" 하지만 현실을 자세히 들여다보면, 사람들은 생각보다 우리에게 집중하지 않습니다. 그들 또한 각자 자신만의 생각과 걱정으로 바쁘기 때문이죠.

스포트라이트 효과는 사실 우리의 마음속에서만 벌어지는 일종의 착각입니다. 오히려 용기를 내어 말을 꺼냈다면, 같은 생각을 품고 있던 누군가와 뜻밖의 공감대를 형성할 수 있었을지도 모릅니다.

침묵을 깨는 용기가
만드는 변화

역사를 돌아보면, 크고 작은 변화들은 대개 한 사람의 용기 있는 외침에서 시작되었습니다. 2017년에 전 세계를 휩쓴 미투(#MeToo) 운동을 떠올려볼까요? 이 운동은 원래 타라나 버크(Tarana Burke)가 2006년에 시작한 캠페인이었습니다.

2017년 할리우드의 유명 배우들이 용기를 내어 자신들이 겪은 성폭력 피해를 세상에 드러내면서, 이 작은 목소리는 엄청난 파장으로 이어졌습니다. 수많은 사람이 "나 역시 당했다(Me Too)"며 숨겨온 상처를 꺼내놓았고, 그 결과 우리 사회는 성폭력과 권력구조에 대해 더욱 깊이 고민하고 근본적으로 변화하기 시작했습니다.

2011년에 개봉한 영화 〈도가니〉 역시 한 사람의 목소리가 얼마나 큰 사회적 변화를 만들어낼 수 있는지 보여주는 사례입니다. 실제 장애 아동 성폭력 사건을 소재로 한 이 영화는 개봉 직후 엄청난 사회적 공분을 일으켰고, '성폭력범죄의 처벌 등에 관한 특례법', 일명 '도가니법'의 제정으로 이어졌습니다. 이 법안은 장애인 성폭력 범죄에 대한 공소시효를 없애고 처벌을 강화하는 등 침묵하기 쉬운 범죄에 더욱 강력히 대응하도록 사회적 제도를 변화시켰습니다. 한 편의 영화가 불러일으킨 변화는 단지 법의 개정을 넘어 사회 전체가 불편한 진실을 직시하도록 만들었습니다.

직장 내에서의 내부고발자 또한 같은 맥락에 놓여 있습니다. 부당하거나 불법적인 상황을 목격할 때, 많은 사람들은 "나 하나 참으면 되지, 이건 내 일이 아니야"라며 쉽게 침묵을 택합니다. 그러나 누군가 용기를 내어 그 침묵을 깨고 목소리를 낼 때 비로소 변화가 시작됩니다.

말을 아끼고 침묵을 선택하면 변화는 일어나지 않습니다. 특히나 부당한 현실과 마주했을 때는 더욱 그렇습니다. 용기를 내어 진실을 말하는 사람들의 목소리가 결국 사회를 움직였습니다.

할 말은 하는 사람의
단단한 내면

그렇다면 '할 말은 하는 사람'들의 마음속에는 무엇이 있을까요?

그들에게는 뚜렷한 자기 철학과 신념이 있습니다. 스스로에게 "내가 왜 이 말을 꼭 해야 하지?"라고 질문할 때, 명쾌한 답을 찾을 수 있는 사람들이죠. 자신이 중요하게 생각하는 가치가 무엇인지 잘 알고 있고, 그 가치를 위해서라면 때로 조금의 불편함쯤은 기꺼이 감수할 줄 압니다. 주변 상황이 아무리 혼란스러워도 자신이 나아가야 할 방향을 결코 잃지 않습니다.

또 이들은 스스로에 대한 깊은 신뢰가 있습니다. 자기 신뢰란 "난 잘할 수 있어" 같은 자신감과는 다른 차원의 믿음입니다. 자신감이 자기 능력에 대한 신뢰라면, 자기 신뢰는 "내 생각과 판단은 충분히 존중받을 가치가 있어"라는 더욱 본질적이고 깊이 있는 믿음이죠.

40대 회사원 한 분은 제게 이렇게 말했습니다. "예전에는 회의할 때 입 한번 제대로 열기가 힘들었어요. '다들 날 어떻게 볼까?' 하는 생각이 먼저 들더라고요. 그런데 한번 용기를 내어 이야기를 꺼냈는데, 의외로 반응이 좋았어요. 물론 제 의견이 완벽하지 않았지만, 나름대로 팀에 도움이 되었던 것 같아요. 돌이켜보니, 그때 말을 하지 않았으면 그 아이디어는 영영 묻혔겠죠. 그게 더 아쉬웠을 것 같아요."

수많은 직장인이 깊이 공감할 수 있는 경험일 것입니다. 그는 자신의 의견을 '절대적 진리'가 아닌 '하나의 소중한 시각'으로 인정하면서도, 그것이 충분히 이야기될 가치가 있다고 여기는 건강한 균형감을 얻었습니다.

이들은 비판받을 수 있다는 것을 압니다. 모두가 자신에게 동의하지 않을 수도 있다는 것을 잘 압니다. 하지만 그럼에도 불구하고 말을 하는 이유는 자신의 목소리가 충분히 존중받을 가치가 있다는 믿음 때문입니다. 이 믿음은 그들에게 아주 중요한 심리적 안전망이 되어줍니다. 더 중요한 것은, 그들이 '의견 표현'과 '자기 자신'을 분리할 수 있다는 점입니다. 즉, 자신의 의견이 받아들여지지 않을 수 있지만, 그렇다고 해서 자신의 존재까지 거부당한다고 생각하지 않다는 것입니다.

이러한 내면의 힘은 타고나는 것이 아니라 경험 속에서 점차 형성됩니다. 작은 일에서부터 조금씩 자신의 의견을 표현하며 그 결과를 직접 경험하면서 자기 신뢰는 단단히 쌓여갑니다. 친밀한 친구들과의 대화에서 시작하여, 조금 더 많은 사람들 앞에서, 점차 더 중요한 자리에서까지 자신의 목소리를 차근차근 키워가는 것입니다. 이 과정에서 중요한 것은 실패를 두려워하지 않는 마음입니다. 때론 말을 잘못하거나, 타이밍을 놓치거나, 표현이 서툴러 오해를 받을 수도 있습니다. 하지만 그런 경험조차 자신을 키우는 소중한 과정으로 받아들이는 사람만이 할 말을 할 줄 아는 단단한 사람으로 성장하게 됩니다.

당신의 목소리를
기다리는 세상

당신이 침묵했던 순간들을 천천히 떠올려보세요. 그 순간의 침묵은 정말 당신과 당신 주변의 사람들에게 어떤 흔적을 남겼을까요? 혹시 그 침묵 때문에 놓쳐버린 소중한 기회나 미뤄두었던 문제, 깊어질 수도 있었지만 닿지 못한 관계가 있지는 않았을까요?

용기란 두려움이 전혀 없는 상태가 아닙니다. 오히려 두려움을 그대로 마주하면서도 조금씩 나아가는 힘이지요. 이런 용기는 하루아침에 생기지 않습니다. 꾸준히 시간을 들이고 작은 노력을 쌓아가야 얻을 수 있습니다. 심리학에서 이야기하는 '점진적 노출(gradual exposure)' 기법이 이와 비슷합니다. 처음에는 불편하고 낯선 상황에 조금씩 자신을 드러내다가 점차 편안해지는 과정을 통해 두려움을 극복하는 것이지요.

꼭 완벽할 필요는 없습니다. 소박하고 어설퍼도 진심이 담겨 있으면 충분합니다. 작은 한마디가 직장에서 회의의 흐름을 바꾸기도 하고, 누군가의 가슴에 위로로 스며들 수도 있습니다.

모두가 침묵하는 순간에 입을 여는 건 타고난 성격이어야 가능한 일이 아닙니다. 떨리지만, 한마디를 꺼냈던 경험이 다음번에 또 한마디를 할 수 있는 용기를 만들어줍니다.

대화 속
감정 파도 다스리기

우리는 때때로 자신도 모르는 사이에 감정의 물결에 휩쓸려 말을 내뱉고는 합니다. 그 순간만큼은 꼭 해야만 할 말처럼 느껴졌지만, 시간이 지나면 후회의 그림자로 바뀌고 맙니다. "그때 왜 그런 말을 했을까?" 침대에 누워 천장을 올려다보며 스스로를 자책하던 밤이 누구에게나 있을 것입니다.

유진 씨는 독립심이 강한 직장인입니다. 부모님과 함께 살지만, 그녀에게 있어 방은 단지 물리적 공간을 넘어 '온전한 나'를 지키는 특별한 장소였습니다.

"엄마, 내 방은 내가 알아서 정리할게. 물건 위치가 바뀌면 찾기가 어렵단 말이야."

처음엔 이렇게 부드럽게 이야기했던 유진 씨였지만, 엄마가 계속

해서 그녀의 방을 마음대로 정리할 때마다 그녀의 감정은 점점 격해졌습니다. 어느 날 중요한 서류마저 찾을 수 없게 되었을 때, 마침내 유진 씨의 인내심은 한계를 넘었습니다.

"엄마, 내 말 좀 들으면 안 되는 거야? 내 말을 이해 못 하는 거야, 일부러 무시하는 거야? 왜 자꾸 내 물건에 손대는데! 내가 대체 몇 번을 얘기해야 해!"

유진 씨가 감정적으로 폭발한 직후에는 늘 깊은 후회와 자책감이 따라왔습니다. 엄마가 상처받은 표정으로 침묵하던 순간, 집 안을 휘감던 어색한 긴장감 그리고 결코 해결되지 않고 반복되는 근본적인 문제들까지.

반복되는 감정의 덫에서 벗어나기

유진 씨처럼 유독 특정한 관계에서만 감정에 쉽게 휩쓸리는 경우가 많습니다. 이런 현상을 단순히 성격이 급하다거나 참을성이 부족하다고 치부하기엔 너무 단편적입니다. 유진 씨는 직장에서는 상사의 날카로운 비판 앞에서도 차분하고 이성적으로 대응할 줄 아는 사람이었습니다. 하지만 유독 어머니와의 관계에서는 작은 일에도 감정이 폭발하곤 했습니다. 그 이유는 무엇일까요?

심리학에서는 이런 현상을 '핫 코그니션(hot cognition, 뜨거운 인지)'과 '콜드 코그니션(cold cognition, 차가운 인지)'이라는 개념으로 설명합니다. 콜드 코그니션은 감정에 휘둘리지 않고 차분하게 사고하는 상태를 말하는 반면, 핫 코그니션은 강한 감정이 우리의 판단과 사고에 깊숙이 영향을 미치는 상태를 의미합니다.

흥미로운 사실은 우리가 모든 관계에서 이런 인지 상태를 똑같은 빈도로 경험하지 않는다는 점입니다. 오히려 부모나 가족 같은 특별한 관계에서는 우리의 감정이 이성을 쉽게 흔들어놓습니다. 이는 관계가 지닌 긴 역사와 그에 따른 무거운 심리적 의미 때문입니다. 때로는 가장 사랑받고 싶은 사람에게서 가장 깊은 상처를 입기에, 우리는 가족이라는 이름 앞에서 유독 방어기제가 예민하게 작동하곤 합니다. 그러니 "왜 나는 가족한테만 유독 이럴까?"라고 자책할 필요는 없습니다.

가장 가까운 관계에서 감정의 덫에 빠지기 쉬운 이유는 그 관계가 우리의 정체성과 가치를 깊이 형성하고 있기 때문입니다. 어머니의 사소한 한마디가 다른 사람의 어떤 말보다 유진 씨를 크게 흔드는 이유는, 그 관계가 유진 씨의 자아 형성에 아주 중요한 역할을 해왔기 때문입니다. 그래서 우리는 가장 사랑하는 사람 앞에서 더 쉽게 핫 코그니션 상태에 빠지고, 평소보다 판단력과 소통 능력이 떨어지는 것을 경험합니다.

대화는 혼자 하는 것이
아니다

"손뼉도 마주쳐야 소리가 난다"라는 속담은 감정적 대화의 본질을 정확히 짚어냅니다. 유진 씨의 분노가 폭발한 것은 결코 혼자만의 문제가 아닙니다. 어머니는 유진 씨의 계속된 요청을 모른 척하거나 중요하게 여기지 않았고, 유진 씨는 더 절박한 마음으로 자신의 목소리를 높였습니다. 그럴수록 어머니는 더욱 방어적이고 민감한 태도를 보였지요. 두 사람은 그렇게 함께, 알게 모르게 감정적 소통의 악순환을 반복해왔습니다.

이 지점을 천천히 들여다보면, 우리가 감정에 휘말려 말을 하게 되는 것은 단지 개인의 부족함 때문이 아니라, 둘 사이의 미묘한 관계의 역동에서 비롯된다는 것을 깨닫게 됩니다. 유진 씨가 "부드럽게 말하면 안 들어주니 강하게밖에 말할 수 없다"고 느끼는 건 결코 착각이 아닙니다. 오히려 수많은 반복적인 상황 속에서 유진 씨의 마음은 점점 더 강한 표현을 하는 방식으로 적응하게 된 것이지요. 이 과정은 유진 씨가 할 수 있는 최선의 선택이었을지도 모릅니다.

특히 한국의 가족 문화 속에서 이런 관계의 역동은 훨씬 더 복잡해집니다. "부모의 말씀을 거역하지 말라"는 전통적인 가치관과 "개인의 공간과 의사는 존중받아야 한다"는 현대적 가치관이 서로 충돌하면서 만들어지는 긴장감은 더욱 깊고 예리합니다. 유진 씨처럼 이미 독립적인 성인으로 성장한 자녀와, 여전히 전통적인 사고를 가진 부모 사이에서는 갈등과 오해가 빚어질 수밖에 없습니다. 어머니의 눈에는 딸의 방을 정리해주는 것이 사랑과 관심의 표현일지 몰라도, 유진 씨의 입장에서는 명백한 개인의 존중이 결여된 행동으로 느껴지기 때문입니다.

이러한 감정적 대화의 핵심을 이해할 때 우리가 흔히 놓치기 쉬운 것은, 대화가 두 사람 사이에 이루어지는 "관계의 춤"이라는 점입니다. 춤을 출 때 한 사람의 움직임이 다른 사람의 움직임을 자연스럽게 이끌어내듯, 우리의 말과 행동 역시 상대방의 반응을 유도하게 됩니다. 이런 연결된 감정과 행동의 패턴을 제대로 이해하지 못하면, 마치 혼자서만 춤을 추려고 애쓰듯이 소통에서 계속 어려움을 겪게 되는 것이지요.

같은 패턴을
깨는 용기

유진 씨가 계속해서 부딪히는 또 다른 어려움은, 예측 가능한 갈등 상황 속으로 자신도 모르게 반복해 들어간다는 점입니다. 사실 유진 씨는 어머니가 어떤 사람인지, 자신의 말에 어떻게 반응할지 이미 너무 잘 알고 있습니다. 그럼에도 불구하고 매번 똑같은 방식으로 대응하면서도 같은 결과에 이르게 되는 것이죠.

이런 익숙한 패턴에서 벗어나기 위해 필요한 첫 번째 통찰은, 어머니의 행동을 더 이상 '변화시켜야만 하는 대상'으로 바라보지 않는 것입니다. 타인의 행동을 바꾸려는 노력은 안타깝게도 대부분 실망으로 끝나곤 합니다. 어머니의 행동을 현실로 받아들이고, 그 현실 속에서 내가 어떻게 반응할 수 있을지를 차분히 고민해보는 편이 오히려 길을 열어줍니다.

물론 이는 단지 '참으라거나 포기하라'는 뜻은 아닙니다. 오히려 더 본질적이고 창의적인 해결책을 찾으려는 시도입니다. 앞서 이야기했던 핫 코그니션 상태, 즉 격한 감정 속에서는 우리의 판단력이 흐려지고, 무의식적으로 익숙한 반응을 반복하기 쉽습니다. 이때 가장 중요한 것은 자신의 감정적 상태를 정확히 알아차리고 잠시 한 걸음 물러설 줄 아는 여유입니다.

유진 씨가 감정적으로 격해질 때 즉시 대응하기보다는 '잠시 시간과 공간'을 확보하는 전략이 도움이 될 수 있습니다. 유진 씨는 "엄마, 지금 너무 화가 나서 잠시 대화하기가 어려워요"라고 진솔하게 표현하거나, 잠시 심호흡을 하며 자리를 피하는 방식으로도 자신을 지킬 수 있습니다. 핵심은 감정이 격한 순간에 즉각적으로 반응하지 않고 잠시 멈추는 것입니다.

무엇보다 중요한 것은 '같은 패턴으로 들어서는 대화의 초대장'을 알아차리고, 의식적으로 다른 대응 방식을 선택하는 것입니다. 처음

에는 조금 어색하고 낯설 수 있지만, 그 작은 변화 하나가 전체적인
흐름을 바꿀 수 있는 출발점이 됩니다.

감정이 아닌
관계를 바라보기

감정을 알아차리고 관계에서 균형을 유지한다는 것은 단순히 감정을
다스리는 기술을 배우는 것만은 아닙니다. 그것은 우리가 맺고 있는
관계의 패턴을 깊이 이해하고, 그 안에서 내가 어떤 역할을 하고 있
는지 섬세하게 살피는 과정입니다.

유진 씨가 어머니와의 관계에서 자꾸만 감정적 폭발을 경험하게
된다면, 상황을 바라보는 관점부터 바꿔보는 것이 도움이 될 수 있습
니다. '어머니가 나를 존중하지 않는다'는 틀에서 벗어나 '우리 둘은
서로 다른 방식으로 사랑과 존중을 표현하고 있다'는 시선으로 전환
해보면 어떨까요? 이렇게 관점이 달라지면 감정의 강도가 서서히 줄
어들고, 더욱 부드럽고 건설적인 대화가 가능해집니다.

실질적인 접근법도 얼마든지 마련할 수 있습니다. 만약 유진 씨가
어머니의 방 정리를 막기 어렵다면, 중요한 서류만큼은 잠금장치가
있는 서랍에 안전히 보관하는 현실적인 방법을 찾을 수 있습니다. 감
정이 차분해졌을 때 어머니와 대화를 나누며 이렇게 표현할 수도 있

겠지요. "엄마, 엄마가 나를 위해 정리해주는 마음 너무 고마워. 그런데 나는 내 방을 내 방식대로 정리하는 게 좀 더 편하고 좋아. 이제부터 방을 마구 어지르지 않을 테니 앞으로는 내가 직접 정리할 수 있게 해줘."

이러한 접근에서 중요한 것은, 감정을 알아차리는 일이 단순히 참거나 억누르는 것이 아니라, 관계 속의 미묘한 역학을 이해하고 그 안에서 지혜롭게 대처하는 능력이라는 점입니다. 감정은 넘어서야 하는 것이 아니라, 더 넓은 시각으로 바라보고 이해해야 합니다.

누구나 특정한 관계 앞에서는 유독 약해지곤 합니다. 하지만 그것이 우리의 약점이라는 의미는 아닙니다. 오히려 그런 관계가 얼마나 특별한지를 나타내는 증거일지도 모릅니다. 유진 씨가 어머니와의 관계에서 쉽게 감정적으로 반응하는 이유도, 그 관계가 너무나 소중하기 때문일 것입니다. 가장 가까운 관계일수록 우리의 감정은 더 깊고 예민하게 움직이기 마련입니다.

당신에게는 어떤 관계가 가장 감정적으로 힘들게 다가오나요? 그 관계 속에서 어떤 패턴을 반복하고 있는지 한번 되돌아보세요. 그리고 용기를 내어 그 패턴에서 조금만 떨어져 다른 선택을 시도해보세요.

관계를 해치지 않는
부드러운 거절법

"제가 뭐라고….'

이 짧은 문장은 사실 우리 한국 사회에 깊숙이 뿌리내린 말버릇을 상징적으로 드러내는 것이기도 합니다. 드라마 〈막돼먹은 영애씨〉에 나오는 소라 씨의 캐릭터가 떠오릅니다. 스스로의 존재감을 축소시키는 소라의 모습은 바로 우리 안에 내재된 '눈치 문화'의 한 단면을 명확하게 보여줍니다. 여러분도 비슷한 경험을 하신 적 있나요? 하고 싶은 말이 있지만, "이렇게 말하면 상대방이 기분 상하지 않을까?" 또는"내 솔직한 생각을 말했다가 관계가 틀어지면 어쩌지?" 하는 걱정에 입을 다물어버린 적이 있을지도 모릅니다. 반대로 자신의 감정을 너무나도 솔직히 표현한 나머지 관계가 어긋나 상처받은 경험도 있을 것입니다.

한국 사회는 특히나 겸손과 눈치를 중시합니다. 윗사람이나 선배 앞에서 자기 의견을 당당하게 밝히거나 눈을 마주치며 의견을 말하는 행위를 자칫 무례하다고 받아들이기도 합니다. 심지어 옳은 말을 하더라도 표현이 직설적이면 상대를 불편하게 만드는 문화적 맥락이 존재합니다. 이런 환경 속에서 우리는 자신을 보호하면서 동시에 상대방을 존중하는 말버릇의 균형을 찾기가 참으로 어렵게 느껴집니다.

그렇다면 우리는 왜 이런 '나를 지키는 말버릇'을 꼭 가져야 할까요?

자신을 지우는
소통 방식

30대 직장인 여성 한 분이 진료실에서 이런 말을 했습니다. "마케팅 전략 회의 때였어요. 프로젝트 일정에 대해 솔직하게 의견을 말했죠. '현실적으로 두 달 안에 끝내기는 좀 어렵다'라고요. 그런데 그 이후로 선배가 저를 '너무 부정적인 사람'처럼 대하며 은근히 꽁하고 무시하더라구요. 그래서 요즘은 무슨 의견을 물어봐도 그냥 '네, 좋습니다, 선배 의견이 더 좋은 것 같아요'라고만 대답하게 됐어요."

그녀의 이야기를 들으며 마음 한구석이 안타까웠습니다. 이렇게 자신을 지우는 말버릇은 잠시 동안은 관계를 매끄럽게 만드는 듯 보이지만, 내면 깊숙한 곳에서는 불만과 외로움을 키우게 됩니다. 이렇게 쌓여가는 감정은 어느 날 갑작스러운 폭발로 이어지거나, 아예 관계 자체를 회피하게 만들기도 합니다. 자신을 제대로 표현하지 못하고 항상 눈치만 보는 상태가 지속되면, 그 관계는 결코 진정한 신뢰와 친밀감의 깊이를 갖지 못한 채 표면적인 교류에 머물고 맙니다.

누구나 대화 속에서 자신의 체면을 지키고 싶어 합니다. 동시에 상대의 체면도 세워주고 싶습니다. 그런데 우리 사회에서는 이 균형이 한쪽으로 기울 때가 많습니다. 상대의 체면을 생각한 나머지, 정작 나의 진짜 감정과 필요는 희생하는 것이지요. 서로의 체면을 세워주려 애쓰는 다정함이 역설적이게도 서로의 진심에 닿지 못하게 가로막는 '예의 바른 장벽'이 되어버리는 셈입니다. 겉보기엔 무난하고 평화로워 보이지만, 그 이면에는 정작 건강하지 못한 관계의 패턴이 자리 잡고 있는 것이죠.

나와 상대를 모두 지키는
대화가 어려운 이유

나를 지키면서도 상대를 배려하는 말하기가 어려운 이유는, 우리가 흔하게 하는 일상적인 말 속에 숨어 있습니다.

"아, 괜찮아 괜찮아" 사실은 괜찮지 않지만, 반사적으로 나오는 말. "나는 아무거나 좋아" 사실은 원하는 것이 분명한데, 먼저 말하기가 꺼려져서 양보하는 말. "그래, 네 말이 맞아." 동의하지 않으면서도 상대가 불편해할까 봐 혹은 대화를 빨리 끝내고 싶어서 건네는 말. 이를 거짓말이라고 생각하기에는 너무도 사소합니다. 말하는 사람이나 듣는 사람 역시 큰 문제가 아니라고 생각하며 넘깁니다.

그런데 이 사소한 양보가 하루에 서너 번, 일주일이면 스무 번 넘게 쌓입니다. 진료실에서 만난 한 내담자는 이 과정을 이렇게 표현했습니다. "처음엔 상대를 배려하는 거라고 생각했어요. 그런데 어느 날 문득 깨달았죠. 배려가 아니라 포기였더라고요. 내 감정을 포기하는 게 습관이 되어 있었어요."

배려와 포기 사이의 경계는 생각보다 흐릿합니다. 그 경계를 알아차리지 못한 채 관계가 깊어지면 정작 그 관계 안에서 자기 자신은 점점 옅어집니다.

자기존중과
타인배려의 균형

그렇다면 어떻게 상처를 주지 않으면서 나를 지키는 말을 습관처럼 할 수 있을까요? 이를 이해하기 위해서는 내가 나를 얼마나 가치 있게 여기는지, 타인을 얼마나 존중하는지, 그 사이의 균형을 들여다볼 필요가 있습니다.

심리학에서는 건강한 자기가치감을 가진 사람이 타인을 더 깊이 존중할 수 있다고 말합니다. 조금 역설적일 수도 있지만, 자신을 충분히 존중하는 사람이야말로 타인을 진심으로 존중하는 여유를 가지게 됩니다.

반면 자기가치감이 낮은 사람은 자신을 과도하게 희생하거나, 혹은 과도하게 방어적이고 공격적인 태도를 보이는 양극단의 반응을 쉽게 나타내곤 합니다. 내가 나를 충분히 인정할 때, 상대의 체면을 손상시키지 않으면서도 내 생각을 진실하게 전달할 수 있게 됩니다.

마음이 안정된 사람은 이 균형을 유지하기가 훨씬 수월합니다. 타인의 의견이나 반응에 과도하게 흔들리지 않으면서 자기 중심을 유지하고, 대화 속에서도 평정심을 잃지 않습니다. 감정적으로 과잉 반응하거나 지나치게 위축되지 않고, 적절한 표현으로 자신을 드러낼 수 있게 됩니다.

스스로를 충분히 신뢰하는 사람은 상대의 평가나 반응에 쉽게 흔들리지 않으면서도, 자연스럽게 상대를 배려하는 방식으로 소통합니다. 직장에서 과도한 업무 요청을 받았을 때, 이렇게 대답합니다. "죄송하지만, 지금 진행 중인 A와 B 프로젝트의 마감일을 고려하면 추가 업무를 맡기 어려울 것 같아요. 대신 다음 주부터는 도움을 드릴 수 있을 것 같습니다." 이는 대화의 테크닉이 아닙니다. 자신과 상대를 동시에 존중하는 마음이 말로 자연스레 표현된 것입니다.

친밀한 관계에서도 마찬가지입니다. 가족이나 친구와의 관계에서 자신의 요구나 감정을 표현할 때, 이렇게 말할 수 있습니다. "이번 명절에는 음식 준비를 함께 분담하면 좋겠어요. 제가 전과 나물을 준비할 테니, 다른 음식들은 나누어서 준비하는 건 어떨까요?" 이렇게 말하면 상대를 비난하지 않고, 부담을 주지 않으면서도 필요한 요구 조건과 자신의 감정을 명확하게 전달할 수 있게 됩니다.

'상처 주지 않고 나를 지키는 말버릇'이란 자신과 상대 모두에 대한 진심 어린 존중의 태도가 자연스럽게 언어로 드러나는 것입니다. 부드러운 거절은, 그 관계를 소중히 여기는 사람만이 할 수 있는 일입니다.

3장

서먹한 사이에서
마음의 거리 좁히기

상대의 마음이 열릴 때까지
기다려주는 대화

"다음 주말에 우리 부모님 뵈러 가는 게 어때?"

이 평범한 한마디가 어떤 결과를 불러올지는 그 말 자체보다는 언제 꺼내는지에 따라 크게 달라집니다. 연인과 함께 행복한 시간을 보내며 가벼운 웃음 속에서 자연스럽게 나온다면, 아마 관계가 한 걸음 더 깊어지는 따뜻한 신호가 될 것입니다. 하지만 부부 사이에서 한창 의견이 부딪히거나 중요한 일을 앞두고 긴장한 상황이라면 어떨까요? 같은 말을 해도 분위기는 얼어붙고, 뜻밖의 갈등을 일으킬 수도 있습니다.

"지금 그런 얘기할 상황이 아니에요."

우리는 살아가면서 이런 말을 자주 듣기도 하고, 또 스스로 말하기도 합니다. 이 짧은 문장 안에는 어떤 말을 하는지만큼이나 언제 말하느냐가 중요하다는 삶의 오래된 지혜가 담겨 있습니다. 특히 한국 문화에서는 '눈치'나 '분위기 파악'이라는 이름으로 타이밍의 중요성을 더욱 섬세하게 인식하곤 합니다. 그렇다면 말의 내용보다 타이밍이 더 큰 영향을 미치는 이유는 무엇일까요?

심리학에서는 이를 '사회적 조율(social attunement)'이라는 개념과 연결해 설명하기도 합니다. 사회적 조율은 타인의 정서와 상황적 신호에 민감하게 반응하고, 이에 맞춰 자신의 행동을 자연스럽게 조정하는 능력을 뜻합니다. 집단주의가 발달한 한국 사회에서는 더욱 중요한 이 능력은 우리가 무의식적으로 "지금 말하는 것이 적절한지"를 판단하게 합니다. 흔히 '눈치'라고 불리며 다소 부정적인 인상으로 언급되기도 하지만, 본질적으로는 서로의 감정을 배려하고 조화를 이루기 위한 섬세하고 중요한 사회적 기술입니다.

말의 타이밍은 단지 시간의 문제가 아닙니다. 상대방이 내 말을 받아들일 수 있는 상태, 심리적으로 열려 있는지가 핵심입니다. 아무리 진심이 담긴 말이라도 상대가 마음을 닫고 있을 때 꺼낸다면, 효과가 떨어질 뿐 아니라 오히려 오해를 불러일으킬 수 있습니다.

외래에 오신 어느 분의 사례가 이를 잘 보여줍니다. 그녀는 남편에게 더 좋은 직장을 알아보라고 조언하고 싶었습니다. 충분히 좋은 의도였고 진심 어린 마음이었지만, 남편이 막 실패한 프로젝트로 인해 좌절과 자책감을 느끼고 있던 바로 그 저녁에 이야기를 꺼낸 것이 화근이 되었습니다. "당신은 내가 실패자라고 생각하는 거야?"라며 남편은 상처받은 마음을 쏟아냈고, 그녀의 진심은 엉뚱한 방향으로 흘러가버렸습니다. 만약 같은 조언이라도 남편의 마음이 조금 더 안정되고, 다시 일어설 준비가 되었을 때 했다면 그 반응은 분명 전혀 달랐을 것입니다.

타이밍을 놓치는
세 가지 심리

사람들은 왜 종종 말의 타이밍을 놓치는 걸까요? 거기에는 우리의 마음 깊은 곳에서 비롯되는 심리적 이유가 몇 가지 숨어 있습니다.

첫 번째 이유는 '자기중심적 열정'입니다. 우리가 어떤 말을 하고자 할 때, 그 내용이 너무 중요하고 급하다고 느껴지면, 상대방의 현재 상황이나 감정 상태는 자연스레 뒷전으로 밀려납니다. 안경 위로 김이 서리면 앞이 제대로 보이지 않듯이, 열정은 종종 현실을 흐리게 만들어버립니다. 이 때문에 상대의 입장이나 상황을 제대로 보지 못하고, 자신의 말만 서둘러 던지게 됩니다.

두 번째 이유는 '감정적 조급함'입니다. 감정의 파도가 높게 치솟을 때 우리는 그 감정을 해소하는 데 급급해집니다. 마음이 격앙된 상태, 불안한 순간에는 "지금 이 말을 해도 괜찮을까?"라는 내면의 질문조차 사라지고 맙니다. 이로 인해 우리는 말의 타이밍을 신중하게 고려하지 못하고 즉각적으로 반응해버리곤 합니다.

세 번째 이유는 '상대적 시차'입니다. 사람마다 고유한 리듬이 있고, 그 리듬에 따라 최적의 소통 타이밍이 다를 수 있습니다. 아침형 사람과 저녁형 사람의 에너지가 다르듯, 업무 중 예민한 시점과 느긋한 순간이 공존하듯 말입니다. 이 미묘한 차이를 놓친다면 같은 메시지도 서로 다른 해석을 낳기 쉽습니다.

이를 회사 생활의 예시로 들어보겠습니다. 중요한 프로젝트 마감을 앞둔 날, 팀장은 극도로 긴장된 상태에서 마지막 점검에 몰두하고 있습니다. 이때 팀원이 다가가 새로운 업무 방식이나 급하지 않은 문제를 꺼낸다면 어떤 결과가 벌어질까요? 팀장의 짜증 섞인 반응에 팀원은 서운함을 느끼며, "우리 팀장은 항상 내 의견을 무시해"라고 오해할 수 있습니다. 하지만 이것은 실제로 의견 자체가 무시당한 것이 아니라 단순히 말의 타이밍이 어긋났던 탓일지도 모릅니다.

말의 타이밍은 언뜻 보기엔 '언제 말할 것인가'라는 시간 선택의 문제로 보이지만, 실은 더 깊고 섬세한 '관계에 대한 이해'의 문제입니다. 진정한 타이밍이란 단지 혼자 결정할 수 있는 게 아닙니다. 두 사람의 관계 속에서 서로의 상황과 감정을 섬세히 살피며 만들어가는 상호작용의 결과입니다. 나만의 급한 마음이나 열정에 휩싸인 채 타이밍을 선택한다면 그것은 결코 진정한 타이밍일 수 없습니다. 상대방의 현재 상태, 심리적 준비 그리고 관계의 맥락을 충분히 고려할 때 완벽한 타이밍이 만들어집니다.

마음의 창이 열린
순간을 포착하라

사람의 마음에는 창문이 있습니다. 내 말을 받아들일 준비가 된 순간, 그 창이 잠깐 열립니다. 저는 이것을 '수용성의 창'이라 부릅니다. 이 창이 열렸을 때 메시지는 자연스럽고 효과적으로 전달되지만, 창이 닫힌 순간에 같은 메시지를 전하면 자칫 거부감이나 오해를 불러일으킬 수 있습니다.

부부 관계에서 흔히 나타나는 재정 문제를 예로 들어볼까요? 한 부부의 이야기를 보면, 남편은 가계 지출을 줄이자는 제안을 하고 싶었습니다. 그러나 처음 그가 말을 꺼낸 순간은 하필 아내가 친구들과의 즐거운 쇼핑 후 돌아온 직후였지요. 남편의 "우리 지출 좀 줄이자"는 말은 아내의 쇼핑 습관을 꼬집는 것처럼 들렸고, 아내는 순간 방어적인 태도를 보였습니다. 몇 주 뒤, 같은 부부가 함께 편안한 분위기에서 월말 가계부를 살피며 이야기를 나누었을 때는 분위기가 완전히 달랐습니다. 그때는 아내가 훨씬 개방적으로 제안을 받아들였고, 건설적인 대화로 이어졌습니다. 메시지 자체는 동일했지만, 전달되는 타이밍이 상대의 '수용성의 창'과 딱 맞아떨어졌기 때문입니다.

문화마다 타이밍을 접근하는 방식도 다릅니다. 서구 사회는 직접적이고 명확하게 "지금 얘기해도 괜찮아?"라고 묻는 것을 편안하게 여기는 반면, 한국을 비롯한 동아시아 문화에서는 상대의 표정과 분위기, 말투를 섬세하게 읽으며 가장 적절한 순간을 조용히 찾아내는 '눈치'가 더 발달해 있습니다. 어느 쪽이 옳다거나 더 낫다는 게 아니라, 문화의 맥락 속에서 자연스럽게 진화한 서로 다른 소통 방식일 뿐입니다.

디지털 시대는 타이밍을 더 복잡하고 미묘하게 만들었습니다. 메시지를 보낸 시각, 읽은 시각, 답장을 하는 시각 모두가 하나의 메시지가 됩니다. 밤늦게 업무 메시지를 보내거나 휴일에 급한 확인을 요청하는 이메일, 중요한 얘기를 문자로 시작하는 등 이런 모든 행동이 상대의 '수용성의 창'을 전혀 고려하지 않은 결과일 수도 있습니다. 디지털 환경에서도 중요한 건 상대의 마음과 상황을 세심하게 살피는 태도입니다.

타이밍은 기술적으로 적절한 시각을 찾는 문제가 아니라 상대방을 얼마나 존중하고 이해하는가 하는 문제입니다. 상대가 처한 상황과 기분을 헤아려, "나는 당신을 이해하고 존중합니다"라는 무언의 메시지를 전하는 것입니다. 이 타이밍의 감각은 관계 속에서 서로를 돌보며 얻어지는 소중한 지혜입니다.

지금 꼭 해야 할 말이 떠오른다면 잠시만 기다려보세요. "이 말을 지금 하는 게 정말 최선일까? 상대가 내 말을 진심으로 받아들일 준비가 되었을까?" 때로는 기다림의 시간이 말의 힘을 더욱 강력하게 만들어줍니다. 중요한 메시지가 상대의 마음 깊숙이 온전히 닿기를 바란다면, 조금 더 마음을 기울여 타이밍을 고르는 정성이 필요합니다.

우리는 흔히 ‘무슨 말을 할까’ 고민하지만, ‘언제 말을 할까’에 대한 고민은 깊게 하지 않습니다. 결국, 타이밍이란 상대를 향해 마음을 기울이고 있다는 가장 조용한 고백일지도 모릅니다.

진심은 '말'로도
표현되어야 한다

"그 말을 진작 해줬으면 좋았을 텐데…."

살아가면서 한 번쯤 이런 아쉬움을 느껴본 적 있으실 겁니다. 분명 전하고 싶은 진심 어린 마음이 있었지만, 제대로 표현하지 못해 안타까웠던 순간 말입니다.

특히 우리 사회에서는 "말하지 않아도 마음을 알아주겠지"라는 암묵적인 기대와 믿음이 있습니다. 마음속으로는 상대가 내 마음을 알아주기를 바라면서도, 정작 그 마음을 명확한 언어로 전달하는 것은 망설이거나 미루는 경우가 많습니다. 그러나 그런 마음이 과연 제대로 전해질까요?

말이 창조하는
관계의 의미

이 질문에 답을 찾기 위해 우리의 일상을 잠시 돌아보겠습니다. 부모님께 "사랑해요"라는 말을 마지막으로 해본 것이 언제였나요? 아니면 "내가 이렇게 잘 챙기고 있는데 당연히 아시겠지"라고 넘겨버리셨나요? 배우자에게 "고마워"라고 마음을 표현한 적이 있나요? 아니면 "이 정도면 충분히 느꼈을 거야"라고 생각하고 넘어가시나요?

진료실에서 만난 한 30대 남성은 이렇게 말했습니다. "어머니께서 갑작스러운 교통사고로 돌아가셨어요. 살아 계실 때 '사랑한다'고, '감사하다'고 한 번도 제대로 말씀드리지 못했습니다. 언제든 말할 시간이 남아 있다고 생각했어요. 어머니도 제 마음을 당연히 알고 계실 거라고 믿었는데… 이제 와서 생각하니 왜 그 말 한마디를 하지 못했을까 가장 후회됩니다."

이렇게 표현되지 않은 진심은 상대방에게 온전히 전달되지 않을 때가 많습니다. 우리의 마음은 말로 표현될 때 더 생생히 전달되고 상대에게 와닿습니다. 표현되지 않은 감정은 아무리 깊고 진실된 마음이어도 상대방에게는 닿지 않은 채 공백으로 남아버립니다.

시카고대학교의 아밋 쿠마르(Amit Kumar)와 니컬러스 에플리(Nicholas Epley)는 흥미로운 실험을 했습니다. 참가자들에게 자신의 삶에 긍정적인 영향을 준 사람에게 감사의 편지를 쓰게 한 뒤, 그 편지를 받은 상대방이 느낄 행복감과 어색함의 정도를 예상하도록 한 것입니다. 결과는 의외였습니다. 편지를 쓴 사람들은 상대방이 느낄 행복감을 과소평가하고, 어색함을 과대평가했습니다.

우리는 말하지 않아도 상대방이 내 마음을 충분히 알 것이라고 믿는 경향이 있습니다. 하지만 그 믿음이 오히려 중요한 감정 표현의 기회를 놓치게 만듭니다. 고마운 마음을 표현했을 때 상대가 느끼는 기쁨은 우리가 생각하는 것보다 훨씬 큽니다. 그리고 우리가 걱정하는 어색함은 생각보다 훨씬 작습니다.

"고마워, 미안해, 사랑해"의
가치

제가 외래에서 만난 한 여성 환자의 이야기는 말이 얼마나 큰 힘을 지니고 있는지를 선명하게 보여줍니다. 그녀는 교통사고로 다리에 큰 부상을 입어 평생 장애를 안고 살아야 했습니다. 1년이 넘는 긴 재활 과정은 하루하루가 고통과 좌절의 연속이었습니다. 매일 아침 눈을 뜨면 끝없이 반복되는 재활 운동을 견뎌야 했고, 조금씩 나아지는 듯해도 "과연 이전의 삶으로 돌아갈 수 있을까?"라는 불안한 마음이 그녀를 늘 따라다녔습니다.

그렇게 힘겨운 시간을 지나 목발을 짚고 직장에 다시 나가는 첫날,

그녀는 평소 감정을 거의 표현하지 않던 아버지로부터 처음으로 진심 어린 말을 들었습니다. 아버지는 "네가 정말 자랑스럽구나. 너처럼 강한 딸을 둬서 내가 참 복이 많다"라고 말했습니다. 그녀는 그 순간의 감정을 이렇게 이야기했습니다. "아버지가 그동안 저를 아끼고 사랑하는 걸 모른 건 아니었어요. 하지만 그 말 한마디를 직접 들으니 모든 고통과 좌절이 위로받는 느낌이었어요. 그 한마디 덕분에 저는 다시 살아갈 힘을 얻었어요."

이 사례는 진심 어린 말이 얼마나 깊고 특별한 울림을 주는지를 잘 보여줍니다. 행동으로 전하는 사랑과 말로 전하는 사랑은 서로 다른 차원의 감동을 전합니다. 때로는 진심이 담긴 한 마디가 수년간의 배려와 행동보다 더 강력한 힘을 발휘하기도 합니다.

진심을 말로 표현하면 상대에게 안정감을 줍니다. "당신을 사랑한다, 당신이 있어 고맙다" 같은 표현은 상대에게 '나는 여기 있고, 당신은 소중하다'는 신호가 됩니다. 동시에 말하는 본인도 달라집니다. 막연했던 감정이 입 밖으로 나오는 순간, 그제서야 자기 마음의 깊이를 알게 되니까요. 그렇게 오간 말들은 시간이 지나면서 관계의 뿌리가 됩니다.

감사의 말은 반복한다고 닳지 않습니다. 앞서 살펴본 쿠마르와 에플리의 연구가 보여주듯, 우리는 '이미 충분히 알 텐데 뭘 또 말하나' 싶어 입을 닫지만, 정작 받는 사람은 매번 기뻐합니다. 표현을 아끼는 쪽은 언제나 말하는 사람이지, 듣는 사람이 아닙니다.

우리 한국 문화에서는 종종 진심을 직접적으로 말로 표현하는 것을 어색하거나 불편하게 느끼곤 합니다. "말보다는 행동이 중요하다"거나 "진심은 굳이 말하지 않아도 알아줄 것이다" 같은 가르침을 받고 자랐기 때문이죠. 하지만 이런 문화적 배경이 오히려 우리의 관계에 미세한 균열을 만들고 있지는 않을까요? 감정을 표현하는 일이 부담스럽더라도 사랑해, 고마워, 미안해, 자랑스러워 같은 마음을 말로 전하는 것은 결코 사소하거나 불필요한 일이 아닙니다. 그런 말들은 관계 속에서 서로를 단단히 잇는 소중한 연결고리가 됩니다.

마음속에 아직 꺼내지 못한 말이 있다면, 더 늦기 전에 전하시길 바랍니다. 서툴러도 괜찮습니다. 진심은 완벽한 문장이 아니라 용기에서 시작되니까요.

단어 뒤에 숨은 미세한 감정 읽기

우리의 진짜 감정은 말 뒤에 살며시 숨어 있습니다. 상대방의 말투가 미묘하게 바뀌거나, 눈빛이 잠시 흔들리거나, 대화의 흐름이 살짝 달라질 때, 우리는 그 작고 섬세한 신호들을 때로는 무심코 지나칩니다. 대화에서 우리는 주로 말의 표면적인 의미에만 집중하느라, 그 말 뒤에 숨겨신 감정의 미세한 떨림을 놓치고 맙니다. 음악을 들을 때 멜로디에만 귀 기울이느라 그 밑에서 부드럽게 울려 퍼지는 화음을 미처 듣지 못하는 것과도 같습니다.

지난 주말, 오랜 친구와 함께 식사를 하던 중이었습니다. 대화가 한창 즐겁게 흐르던 중에 제가 무심코 친구의 전 직장 이야기를 꺼냈습니다. 순간 친구의 눈빛이 가볍게 흔들리더니, 서둘러 화제를 돌렸습니다. "그건 그렇고, 요즘 일은 어때?" 당시에는 별 생각 없이 넘어갔지만, 다음 날이 되어서야 문득 그 순간이 떠올랐습니다. 나중에 알게 되었지만, 친구는 과거 직장에서 겪었던 부당한 대우와 힘들었던 기억 때문에, 직접적으로 그 감정을 드러내는 대신 교묘하게 화제를 바꿔 자신을 보호했던 것이었습니다.

우리는 매일의 대화 속에서 이렇게 미세한 감정 신호를 주고받습니다. 하지만 과연 그 신호들을 얼마나 섬세하게 느끼고 포착하고 있을까요?

말 뒤에 숨겨진
진실의 신호들

직장에서 신제품 개발을 위한 회의가 있던 날이었습니다. 한 주니어 디자이너가 혁신적이고 신선한 디자인 아이디어를 자신 있게 제안했습니다. 팀장은 "좋은 아이디어네요. 검토해보겠습니다"라고 대답했지만, 그 순간 그의 목소리는 평소보다 살짝 가라앉았고, 눈길은 서류에 고정된 채로 곧바로 다음 안건으로 넘어갔습니다. 그 회의에 참석한 사람들은 팀장의 표면적인 동의에 안도했지만, 사실 그 짧은 순간의 비언어적 표현들은 무언가 달랐습니다. 그 신호들에는 아이디어에 대한 진지한 관심이 부족하거나, 현실적으로 가능성이 낮다고 판단한 미묘한 메시지가 담겨 있었습니다. 예상대로 그 아이디어는 아무런 후속 조치 없이 잊혀졌고, 제안했던 디자이너는 자신이 진지하게 존중받지 못했다고 느꼈습니다.

이러한 미묘한 불일치는 친밀한 관계에서도 자주 나타납니다. "네가 좋다면 그렇게 해도 괜찮아"라고 말하지만 팔짱을 끼고 깊은 한숨을 쉬는 연인의 모습, "아니야, 전혀 화난 거 없어"라면서 차갑고 짧은 말투로 침묵을 고수하는 부모님의 태도 등이 바로 그 예입니다.

영화 〈지금, 만나러 갑니다〉(2018)에서도 감정 읽기의 순간이 아름답게 그려집니다. 장마철 비가 그치면 자신이 사라져야 한다는 걸 알고 있지만, 수아(손예진)는 담담히 일상을 이어갑니다. 우진(소지섭)과 함께 아들 지호의 일상을 나누는 장면들은 겉으로 보면 평범한 부모의 대화입니다.

하지만 곧 이별을 앞둔 사람만이 풍기는 무언가가 느껴집니다. 수아가 아이의 미래를 이야기할 때, 저는 그녀의 목소리에서 떨림을 발견할 수 있었습니다. 마치 '엄마가 없어도 이 아이는 괜찮을까'라는 불안을 속으로 삼키는 사람처럼, 잠시 시선이 먼 곳을 향합니다. 우진은 그런 변화를 누구보다 먼저 알아차리는 사람으로 그려집니다. 다그치지 않고, 다만 따뜻한 손길로 수아의 손을 감싸며 "아무 걱정하지 마, 우린 잘할 거야"라고 속삭입니다. 그 순간, 두 사람 사이에 더 이상 말은 필요 없었습니다.

감정 표현의
숨겨진 법칙

세계적인 감정 연구자 폴 에크만(Paul Ekman)은 사람들이 '감정 표현 규칙(Display rules)'에 따라 자신의 감정을 표현하거나 숨긴다는 흥미로운 개념을 제안했습니다. 그의 설명에 따르면, 감정 표현 규칙이란 우리가 어릴 때부터 자연스럽게 배우는 일종의 보이지 않는 지침으로, 언제 어떤 방식으로 누구에게 내 감정을 드러낼지 결정하도록 돕는다고 합니다.

에크만은 특히 얼굴 표정 연구에서 독보적인 권위자입니다. 그는 문화를 초월한 보편적인 표정뿐 아니라, 우리가 사회적 상황과 문화적 배경에 따라 감정을 어떻게 다르게 표현하거나 숨기는지도 면밀히 살펴보았습니다.

일본과 미국의 학생들을 대상으로 했던 유명한 실험이 있습니다. 혼자서 감정적인 영상을 볼 때는 두 문화권의 학생들이 동일한 얼굴 표정을 보였지만 권위 있는 인물인 과학자가 함께 있을 때는 큰 차이가 나타났습니다. 일본 학생들은 혐오와 공포 같은 부정적 감정을 미소로 가리는 경향이 있었지만, 미국 학생들은 권위자가 있든 없든 상관없이 자신의 혐오 표정을 그대로 유지했습니다. 이처럼 우리는 사회적 상황, 문화적 배경, 관계 유지를 위해 실제 감정을 있는 그대로 드러내기도 하고 조절하기도 합니다.

또 하나 에크만이 밝혀낸 재미있는 발견은 바로 '미세 표정(microexpressions)'입니다. 미세 표정은 우리가 아무리 감정을 숨기려 해도 아주 짧은 순간(약 1/25초에서 1/5초 사이)에 얼굴에 드러나는 진짜 감정의 흔적입니다. 너무나 짧고 순간적이어서 이를 의식적으로 조절하기 어렵습니다. 그래서 미세 표정은 상대의 진정한 감정을 알아차릴 수 있는 귀중한 실마리가 되어줍니다. 만약 우리가 상대방의 말뿐만 아니라 이러한 아주 미묘한 얼굴 표정의 변화까지 읽을 수 있다면, 훨씬 더 깊은 소통이 가능해집니다.

감정을 읽는
다차원적 통찰력

상대의 감정을 읽는다는 것은 다양한 신호들을 동시에 느끼고 이해하는 일입니다. 오케스트라의 수많은 악기 소리를 하나하나 귀 기울이면서도, 동시에 그 모든 소리가 어우러진 하나의 음악을 느끼는 것과 같습니다.

시각적인 차원에서 우리는 상대의 작은 표정 변화와 몸짓, 자세, 특히 눈빛에 주목할 필요가 있습니다. 눈 주변의 근육 움직임은 의도적으로 통제하기 가장 어려운 부분으로, 에크만의 연구에 따르면 실제 감정이 가장 정직하게 드러나는 곳입니다. 우리의 내면은 아무리 감추려 해도 순간순간 미세한 표정으로 새어나오기 마련입니다.

청각적인 차원에서는 목소리의 미묘한 변화, 톤, 속도, 볼륨 그리고 짧은 침묵의 순간이 중요합니다. 가끔은 침묵이 가장 강렬한 감정 표현이 될 때도 있습니다. 말끝이 흐려지거나 갑자기 빠르게 말하거나, 특정 단어에 유난히 힘을 주는 모습은 말 너머의 진짜 마음을 드러냅니다.

맥락적 차원에서도 감정은 드러납니다. 평소와 다른 행동이나 특정 주제를 피하려는 태도, 대화 흐름에서 느껴지는 미묘한 변화들입니다. 평소 이야기하기를 좋아하는 사람이 어떤 주제에서만 짧게 답하거나 서둘러 화제를 바꾼다면, 그 주제는 그 사람에게 특별히 불편하거나 민감한 문제일 가능성이 큽니다.

상대의 모든 감정을 완벽히 읽을 수는 없습니다. 다만 읽으려는 마음이 있을 때, 관계는 조금씩 달라집니다.

감정 언어에
집중하며 듣기

"엄마, 내 말 듣고 있어요?"

저녁 식사 시간, 아들은 학교에서 있었던 일을 신이 난 얼굴로 조잘거리고 있었습니다. 저는 습관처럼 고개를 끄덕이며 "응, 듣고 있어"라고 대답했지만, 솔직히 말해 제 머릿속은 다른 일들로 가득 차 있었습니다. 이번 주말에 써야 하는 원고의 부담, 하루 종일 진료 후 남아 있는 피로감, 다음 주 시어머니 생신 때 식당 예약을 해야 한다는 압박감, 아이 첼로 선생님과의 복잡한 일정 조율까지… 저는 거기에 있으면서도 이미 그 자리에 없었던 것이죠.

아이들은 참 귀신같습니다. 아들은 금세 제 마음이 여기에 없다는 걸 눈치챈 듯, 이야기를 하다 말고 제 눈을 똑바로 쳐다보며 물었습니다.

"엄마, 진짜 듣고 있었어요? 방금 내가 뭐라고 했는지 말해봐요."

순간 아무 말도 할 수 없었습니다. 아들의 말이 귓가를 스쳐 지나갔을 뿐, 제 마음속 어디에도 닿지 않았으니까요. 제 침묵을 본 아들은 한숨을 쉬듯 말했습니다.

"엄마는 맨날 그래요. 내 얘기는 늘 건성으로 듣잖아요."

그 말을 듣는 순간, 아들의 눈빛에서 서운함과 실망감을 고스란히 느꼈습니다. 순간 아차 싶었고 아들에게 미안했습니다. 저는 분명 그 자리에 있었지만, 정작 아들의 마음과 이야기는 제대로 '듣지 못했던' 것입니다. 진정한 듣기란 단순히 소리를 귀로 받아들이는 일이 아닙니다. 그것은 말 속에 숨어 있는 감정의 풍경을 함께 바라보는 일이에요. 단지 귀의 움직임이 아니라 마음의 움직임인 것이죠.

귀로 듣기와
마음으로 듣기

심리학에서는 이런 현상을 '감정적 울림(emotional resonance)'이라고 부릅니다. 감정적 울림이란, 한 사람의 감정이 다른 사람에게 자연스럽게 흘러들어가 공유되는 상태입니다. 이는 단순히 상대가 하는 말을 이해하는 것 이상으로, 그 말이 전하고자 하는 감정의 물결까지 고스란히 받아들일 때 이루어집니다. 그때 우리는 서로가 진심으로 연결되는 깊은 체험을 하게 됩니다.

사람들은 실제 대화의 내용보다는 상대방이 보내는 미묘한 감정 신호에 더 민감하게 반응합니다. 우리의 뇌는 말이 전하는 논리적인 메시지보다 감정적인 신호를 우선적으로 받아들이고 기억하도록 만들어져 있습니다. 그래서 어떤 대화에서 정확히 무슨 말을 했는지는 흐릿해져도, 그 순간 느꼈던 감정은 생생하게 남아 있습니다.

진정한 듣기에는 또 다른 중요한 차원이 있습니다. 바로 감정적 현존입니다. 이는 단순히 물리적으로 상대와 같은 공간에 머무는 것에 그치지 않고, 마음 깊숙이 상대의 감정 세계에 함께 들어가는 것을 뜻합니다. 스마트폰을 보며 "응, 듣고 있어"라고 하는 말과, 상대의 표정, 손짓, 떨리는 목소리를 세심히 느끼고 온전히 집중하는 것은 완전히 다른 경험입니다.

아들과의 일이 있은 뒤에도 저는 같은 실수를 반복했습니다. 어느 날, 남편이 직장에서 있었던 힘든 일을 털어놓았습니다. 저는 핸드폰으로 이메일을 확인하며 "그랬구나, 힘들었겠네"라고 습관처럼 대답했습니다. 남편의 얼굴이 점차 굳어지는 것을 깨닫고 뒤늦게 핸드폰을 내려놓았지만, 남편은 씁쓸한 표정으로 말했습니다.

"당신, 지금 내 말 전혀 안 듣고 있잖아. 그냥 소리만 듣고 있지. 내가 뭘 말하는지도 모르면서…."

그 순간 저는 깊은 반성을 하게 되었습니다. 저는 그 자리에 '있었지만', 마음과 감정은 '함께하지' 않았던 것입니다. 물리적인 존재와 감정적 현존의 차이가 바로 여기에 있습니다.

정서적 풍경을
공유한다는 것

우리는 대화하면서 수많은 미세한 감정을 주고받습니다. 이 감정들은 명확한 말이나 행동으로 드러나지 않을 때조차 목소리의 작은 떨림, 미세한 호흡의 변화, 찰나의 표정 등을 통해 은근히 모습을 드러냅니다. 친구가 "괜찮아"라고 말하면서 슬쩍 시선을 피하는 순간, 우리는 그가 사실 '괜찮지 않다'는 메시지를 보내고 있음을 느낄 수 있습니다.

이러한 미세감정을 읽는 것은 처음부터 타고나는 능력이 아니라 세심한 관심과 지속적인 훈련으로 발달됩니다. 상대방의 감정에 섬세한 주의를 기울이기 시작하면, 그동안 표면적인 대화 뒤에 숨어 있던 내면의 풍경을 더 선명하게 볼 수 있게 됩니다.

감정의 공진화란 두 사람이 서로의 감정에 영향을 주고받으며 함께 조율하고 발전해가는 과정입니다. 누군가의 말을 진심으로 들을 때, 우리의 감정 역시 자연스럽게 함께 움직이고 변화하게 됩니다.

심리학자 수 존슨(Sue Johnson)은 애착 이론과 감정적으로 집중된 치료(emotionally focused therapy)를 통해 인간의 감정이 관계 속에서 어떻게 형성되고 변화하는지를 오랫동안 연구해왔습니다. 그녀의 연구는 감정이 개인적으로 독립된 존재가 아니라, 타인과의 상호작용 속에서 지속적으로 영향을 받고 발전하는 생물학적이고 정서적인 과정임을 강조합니다.

드라마 〈나의 아저씨〉에 등장하는 이지안과 박동훈의 관계가 감정 공진화의 아름다운 예시입니다. 삶의 무게에 지친 두 인물이 서로를 향한 깊은 이해와 존중을 통해 조용히 치유되는 과정을 그린 이 드라마에서, 두 사람은 많은 대화를 나누지 않지만 서로의 감정을 깊이 '듣고' 함께 성장합니다. 박동훈은 이지안이 내면에 품고 있는 외로움과 아픔을 느끼고, 이지안은 박동훈의 따스함과 강인함을 말이 아닌 마음으로 듣고 공감합니다. 그들의 관계는 표면적 소통을 넘어 내면의 감정적 공명을 통해 깊게 연결되어, 서로의 삶에 강렬한 울림과 치유의 흔적을 남깁니다.

정시적 풍경이란 개인마다 가지고 있는 고유한 감정의 지형과 패턴을 의미합니다. 사람마다 정서적 풍경이 모두 다르기에, 진정으로 듣는다는 것은 이 독특한 풍경을 함께 바라보며 이해하려는 시도입니다.

오늘 누군가의 말을 들을 때, 소리보다 상대의 얼굴을 먼저 보세요. 말 속에 숨은 감정이 보이기 시작할 것입니다.

공감의 언어는
연습으로 만들어진다

"그래, 그랬구나"와 "정말 속상했겠다. 충분히 그런 감정이 들 수 있어", 이 두 표현의 차이는 무엇일까요? 똑같은 상황과 똑같은 대화일지라도 누군가의 말은 그저 공허한 형식처럼 느껴지기도 하고, 누군가의 말은 깊은 위로를 건넵니다. 이 둘을 가르는 건 바로 '연습'입니다.

우리는 흔히 이렇게 말합니다. "저 사람은 원래 공감을 잘하는 사람이야" 혹은 "나는 원래 공감 능력이 부족해서…"라고 말이지요. 공감 능력을 태어날 때부터 타고나는 특별한 재능처럼 여기는 겁니다. 하지만 공감은 피아노 연주나 테니스 실력처럼 꾸준한 노력과 의식적인 훈련을 통해 성장할 수 있는 '언어적 근육'입니다.

공감, 타고나는 선물이 아닌
길러지는 능력

한 기업에서 일하는 40대 중반 김 부장의 이야기를 들려드릴게요. 그는 업무 능력에서는 늘 인정받았지만, '차갑다, 공감이 부족하다'는 평가를 받으며 힘들어했습니다. 김 부장은 자조적인 말투로 이렇게 고백했습니다. "저는 원래 타고난 성격이 이래요. 나이가 든 지금 와서 제가 정말 변할 수 있을까요?" 이렇게 말할 때의 그 목소리에는 어쩐지 자조적인 체념이 느껴졌습니다.

그러나 어느 날부터 김 부장은 공감하는 언어를 의식적으로 사용하기 위한 연습을 시작했습니다. 직원들의 이야기에 좀 더 귀를 기울이고, 그들의 감정에 초점을 맞춘 표현을 찾아 사용하려 노력했습니다. 처음에는 분명 어색하고 불편한 순간이 있었습니다. '너무 가식적으로 들리지 않을까?' 하는 걱정이 드는 순간도 여러 번 찾아왔지요. 하지만 그는 포기하지 않고 매일매일 꾸준히 노력했습니다.

그렇게 1년이 흐른 어느 날, 놀라운 일이 벌어졌습니다. 팀원들이 그에게 고민과 걱정을 털어놓기 시작한 것입니다. 심지어는 "부장님이 요즘 뭔가 많이 변하셨어요"라는 뜻밖의 이야기도 들었습니다. 처음엔 어색하게만 느껴졌던 공감의 표현들이 어느 순간 자연스럽고 편안한 소통 방식으로 그의 일상에 자리 잡게 되었습니다.

의도적 연습으로 깨어나는
공감의 언어

심리학자 안데르스 에릭슨(Anders Ericsson)은 의도적 연습이라는 개념을 통해 탁월한 전문성을 키우기 위한 핵심을 설명합니다. 그의 연구에 따르면, 뛰어난 기술을 습득하는 데 단순히 많은 시간을 보내는 것만으로는 부족합니다. 구체적 목표를 세우고, 즉각적인 피드백을 받으며, 꾸준한 반복을 거치면서 점차 난이도를 높이는 의도적 연습이 반드시 필요하다는 것이죠.

이 원리는 공감 능력을 키우는 데도 똑같이 적용됩니다. 우리 뇌에는 거울 뉴런이라는 신경 회로가 있습니다. 이 신경 회로는 다른 사람의 감정이나 행동을 볼 때 함께 활성화되는 것으로 알려져 있습니다. 이처럼 우리 뇌는 타인의 감정에 반응하도록 만들어져 있지만, 이 감정을 언어로 제대로 표현하는 것은 별도의 훈련과 노력이 필요합니다. 공감의 언어 역시 연습을 통해 점점 능숙해질 수 있는 기술이니까요.

공감을 잘 표현하기 위한 연습 방법이 있습니다.

첫째, 구체적인 목표 세우기. 하루에 한 번만이라도 상대방의 감정에 진심으로 집중해보세요. 예를 들어 "오늘 회의에서 홍 대리 의견이 무시당했을 때, 그의 감정을 알아보고 말로 표현하기" 같은 명확한 목표를 잡는 것입니다.

둘째, 즉각적인 피드백 얻기. 자신이 공감을 표현했을 때 상대방이 어떤 표정과 몸짓을 보이는지, 말투가 어떻게 바뀌는지 주의 깊게 관찰하세요. 상대방의 마음이 편안해지고 대화가 깊어진다면, 여러분의 공감 표현이 효과적이었다는 뜻입니다.

셋째, 꾸준한 반복과 시도. 처음에는 어색하고 낯설 수 있습니다. 하지만 처음 자전거나 수영을 배울 때처럼, 공감 표현 역시 반복을 통해 점차 자연스러워집니다. 인내심을 가지고 꾸준히 시도하는 것이 중요합니다.

넷째, 점진적으로 감정의 범위를 넓히기. 처음에는 기쁨이나 슬픔 같은 간단한 감정에서 출발해보세요. 이후 점차로 실망감, 배신감, 자부심, 후회처럼 더 미묘하고 복잡한 감정까지 다룰 수 있도록 훈련의 난이도를 높여갑니다.

40대 김 부장은 처음 공감 연습을 시작할 때, "저는 제 감정도 제대로 모르는데 남의 감정을 어떻게 알 수 있을까요?"라고 걱정스럽게 물으셨습니다. 사실 이는 많은 사람이 공감 능력을 키우려 할 때 처음 만나는 장애물이기도 합니다.

제가 임상 현장에서 얻은 중요한 통찰 하나는, 타인의 감정을 깊게 이해할 수 있는 사람들은 자신에 대한 이해 역시 풍부하다는 것입니다. 그런 사람들은 자신만의 다양한 감정들을 잘 구분하고 표현하는 풍요로운 '감정 사전'을 가지고 있기 때문이죠.

반대로 자기 감정을 인식하기 어려워하는 분들은 타인의 감정에도 잘 공감하지 못하는 경우가 많습니다. 그러나 신기하게도 공감을 표현하는 언어를 훈련하는 과정에서 자신의 감정에 대한 어휘와 이해력 또한 자연스럽게 늘어나게 됩니다. 타인을 더 잘 이해하고자 하는 노력이 자신을 더 깊이 이해하게 만드는 놀라운 변화로 이어지게 되는 것이죠.

이 변화는 외국어를 익힐 때와 비슷한 과정을 거칩니다. 처음 외국어를 배울 때처럼 모든 반응과 표현을 하나하나 신중히 생각해야 합니다. '지금 상대방은 어떤 마음일까?', '어떻게 표현해야 내 진심이 전달될 수 있을까?' 이런 질문들을 끊임없이 던져야 하죠. 표현이 다소 어색하거나 부자연스럽게 느껴지기도 합니다.

하지만 그런 과정 자체가 공감을 배우는 중요한 첫걸음입니다. 시간이 지나면 슬픔이나 기쁨 같은 익숙한 감정에 대해서는 공감이 훨씬 자연스럽게 흘러나옵니다. 다만 복잡한 감정 앞에서는 여전히 머리를 써야 합니다. 완벽하진 않지만, 처음과는 분명 다릅니다. 어느 순간, 의식적으로 '공감을 해야겠다'고 다짐하지 않아도 상대방의 감정과 자연스럽게 연결되는 때가 옵니다. 이때의 공감은 모국어로 말하는 것처럼 편안합니다. 상대의 감정을 그대로 말로 옮길 수 있는 자기 자신을 발견하게 됩니다.

예를 들어 연인과 헤어져 괴로워하는 친구에게 메시지를 보낼 때를 떠올려보세요. 연습 전에는 이렇게 말했을지도 모릅니다.

"헤어져서 많이 힘들겠다ㅠㅠ 시간이 지나면 괜찮아질 거야!"

하지만 충분히 연습한 후라면 아마 이렇게 말하게 될 것입니다.

"그 사람이랑 오래 함께했잖아, 정말 허전하고 힘들겠어…. 네가 얼마나 진심이었는지 나도 알아. 지금 네게 필요한 게 있으면 말해줘. 그냥 내가 옆에 있어줄까?"

진정한 공감의 말은 연습과 노력을 통해 그렇게 우리 안에서 서서히 자라나게 됩니다.

처음에는 낯설고 서툴 수 있습니다. 일부러 노력해야 하고, 때로는 어색하기도 합니다. 하지만 꾸준히 이어지는 연습 속에서 어색함은 점차 편안한 일상의 표현이 되어갑니다. 공감이 서투른 사람은 없습니다. 아직 연습이 부족한 사람이 있을 뿐입니다.

질문 하나가
마음의 문을 연다

"요즘 어때?" "괜찮아."

"요즘 어떤 생각하며 지내?" "사실은… 요즘 고민이 많아. 내가 지금 가고 있는 이 길이 정말 내가 원하는 길인지 확신이 잘 안 서서…."

똑같은 사람에게 던지는 질문인데도 이렇게 전혀 다른 대화가 펼쳐집니다. 첫 번째 질문은 인사치레처럼 가볍게 지나가지만, 두 번째 질문은 상대의 마음속 깊은 곳으로 들어가는 문을 열어줍니다. 질문 하나의 작은 차이가 대화의 깊이와 관계의 친밀도를 완전히 달라지게 만듭니다.

우리는 흔히 말을 잘한다는 것을 자신의 생각을 또렷하게 표현하거나, 상대방의 말에 능숙하게 맞장구치는 능력으로 생각하기 쉽습니다. 하지만 진짜 소통의 핵심은 '좋은 질문'에 있습니다. 적절한 질문 하나가 굳게 닫힌 마음을 열고, 상대의 내면으로 다가가는 다정한 초대장이 되어줍니다.

질문,
관심의 언어

상담심리학에서는 오랫동안 개방형 질문과 폐쇄형 질문의 차이를 중요하게 여겨왔습니다. 폐쇄형 질문이 "네"나 "아니오"와 같은 짧고 한정된 답변을 유도한다면, 개방형 질문은 상대방이 자신의 생각과 감정을 자유롭게 꺼내놓을 수 있도록 공간을 만들어줍니다.

"오늘 기분 좋아?"라는 폐쇄형 질문은 단순한 긍정 또는 부정의 짧은 대답만을 유도합니다. 그러나 "오늘 어떤 일 있었어?"라는 개방형 질문은 상대방에게 자신의 하루와 경험 그리고 그 속에서 느낀 감정을 자연스럽게 이야기할 기회를 제공합니다.

질문은 곧 관심의 표현입니다. 우리는 관심이 가는 대상에게는 자연스럽게 궁금한 것이 많아지고, 질문이 흘러나옵니다. 얼마 전 제 아이가 학교에서 축구를 하다가 발목을 삐어 집으로 돌아온 적이 있었습니다. 아이를 보자마자 저도 모르게 "많이 아파?"(감정), "언제 어떻게 다쳤어?"(맥락), "병원 가서 치료하면 금방 괜찮아질 거야"(욕구와 해결책) 등의 질문이 쏟아져 나왔습니다. 이런 질문이 자연스럽게 떠오르는 것은 아이에 대한 진심 어린 관심이 있기 때문입니다.

반대로 상대방에게 관심이 없다면 의미 있는 질문은 나오기 어렵습니다. 상대에 대해 아는 것이 없다면, 대화는 그저 날씨 이야기나 유명 연예인 가십처럼 가벼운 잡담 수준을 벗어나기 어렵습니다.

예컨대, 상대방이 축구나 뮤지컬을 좋아하는 것을 알고 있다면, "어제 한일 축구 경기 봤어?" 혹은 "새로 나온 뮤지컬 표는 구했어?" 라고 물을 수 있습니다. 질문을 통해 "나는 네가 축구나 뮤지컬을 좋아한다는 걸 기억하고 있어. 네가 좋아하는 것에 나도 관심이 있어" 라는 따뜻한 메시지를 전할 수 있습니다. 즉, 질문의 진정한 가치는 상대에게 관심이 있다는 것을 보여주는 데 있습니다.

관심이 질문을 낳고, 질문은 다시 더 깊은 관심으로 이어지는 선순환을 만듭니다. 이 흐름을 이해할 때 우리는 더 따뜻하고 진솔한 대화를 나눌 수 있습니다.

질문으로 읽는
마음의 언어

상대방의 내면에 한 걸음 더 가까워지고 싶다면, 세 가지 서로 다른 관점에서 질문을 던져볼 수 있습니다. 이 질문들은 일상의 대화를 깊이 있는 소통으로 이끌어줍니다.

첫 번째는 "어떤 마음으로 이런 일을 겪고 있을까?"라는 감정 중심의 질문입니다. 상대가 지금 어떤 감정을 느끼고 있는지에 관심을 기울이고, 그 감정을 있는 그대로 존중하며 귀 기울이려는 따뜻한 태도가 담겨 있습니다.

두 번째는 "이 문제가 발생한 경위와 원인은 무엇일까?"라는 맥락 중심 질문입니다. 예컨대 직장에서 어떤 동료가 프로젝트에 소극적인 태도를 보인다면, "이 일에서 특히 어렵거나 힘든 부분이 있어?" 하고 물어보는 것이지요. 이렇게 하면 우리는 표면적인 현상 이면에 있는 상황의 흐름을 더 섬세하게 이해할 수 있게 됩니다.

세 번째는 "이 사람이 지금 이 대화를 통해 진정 얻고 싶은 것은 무엇일까?"라는 욕구 중심 질문입니다. 친구가 자꾸만 비슷한 고민을 반복하고 있다면, "만약 이 문제가 해결된다면, 어떤 부분이 가장 달라졌으면 좋겠어?"라는 질문을 통해 그 사람이 진정으로 바라는 바가 무엇인지 알아가게 됩니다.

인지행동치료(cognitive behavioral therapy)에서 사용하는 소크라테스식 질문법(socratic questioning)은 이런 깊이 있는 이해를 돕는 좋은 길잡이가 됩니다. 이 기법은 다양한 형태의 질문을 통해 상대방의 마음속 생각과 감정을 체계적으로 탐색해갑니다. 가령 "그 상황에서 네가 가장 염려되는 건 뭐였어?"처럼 상대의 마음을 명확히 드러나게 하는 질문이 있고, "왜 그런 결론을 내렸는지 말해줄 수 있어?"와 같은 상대방의 숨겨진 가정을 들여다보는 질문도 있습니다. "그 생각이 항상 옳다고 믿어?"라는 질문을 던지며 상대방이 가진 생각에 새로운 시각을 제공하는 질문도 있지요.

일상에서 이런 접근을 실천해보면, 업무 스트레스로 힘들어하는 친구에게 "지금 가장 버거운 부분은 어떤 거야? 이런 상황이 계속된다면 앞으로 어떤 일이 벌어질 것 같아? 다른 각도로 이 문제를 바라본다면 어떨까?"라고 자연스럽게 물어볼 수 있습니다. 이런 질문들은 단지 고민을 나누는 것에서 그치지 않고, 친구의 내면을 더 깊숙이 이해하며 함께 새로운 시각을 발견할 수 있도록 도와줍니다.

진심을 담아
묻는 법

관계의 유형과 단계에 따라 질문의 방식과 깊이가 달라집니다. 질문이란 상대에 대한 관심과 밀접히 연결되어 있기 때문입니다.

오랜만에 만난 친구 사이에서는 서로의 근황을 묻는 질문들이 자연스럽게 흘러나옵니다. "요즘도 그 회사 계속 다니고 있어? 그 프로젝트는 어떻게 됐어? 아이들은 잘 지내지?" 같은 질문들 말입니다. 이런 질문이 자연스레 나오는 이유는 이전에 나눈 대화들이 마음속에 살아 있고, 상대방의 삶을 기억하며 꾸준한 관심을 가지고 있기 때문입니다.

연인 사이와 오랜 부부 사이에서도 이런 차이가 명확히 드러납니다. 어느 날, 데이트 후 돌아오는 길에 평소보다 말수가 적어진 여자친구를 보고 남자친구가 물었습니다. "오늘 왜 그렇게 조용해?" 그러나 돌아온 대답은 짧게 "그냥"이었고, 거기서 대화는 멈추고 말았습니다. 하지만 다음 날 남자친구는 질문을 조금 바꾸어 다시 물어봅니다. "어제는 좀 피곤해 보이던데, 혹시 무슨 일 있었어?" 이 질문에 여자친구는 비로소 마음속에 담아두었던 서운함을 꺼내놓았고, 두 사람은 그제서야 더 깊은 이야기를 나눌 수 있었습니다.

오랜 세월을 함께한 부부들 사이에서는 어느 순간부터 질문이 점점 줄어드는 모습을 보게 됩니다. 최근 만난 한 부부는 이렇게 말했습니다. "아이들 이야기 빼고는 서로 할 말이 없어요." 아이들의 교육이나 건강, 미래에 대해서는 그나마 이야깃거리가 있지만, 서로의 내면에 대한 관심과 질문은 어느덧 사라진 것입니다. 상대에 대해 궁금한 마음이 줄어들면서, 부부는 서로의 깊은 내면보다는 자녀라는 공통의 주제에만 기대게 되었습니다.

이렇게 질문이 사라지는 것은 어쩌면 서로를 향한 호기심과 애정이 점점 식어가는 신호일지도 모릅니다. 질문이 사라진 관계는 창문 없는 방과도 같습니다. 바깥의 신선한 공기와 빛을 들일 수도 없고, 내부에 머무는 사람도 바깥세상의 변화를 느낄 수 없습니다. 질문 없는 대화는 상대방의 내면 세계로 향하는 문이 닫히는 것이나 다름없습니다.

한국 문화에서 직접적인 질문은 종종 상대방을 부담스럽게 할 수 있습니다. 특히 위계질서를 중요하게 생각하는 조직이나 서로 조심스레 눈치를 보는 관계 안에서 깊이 있는 질문은 불편한 감정을 불러일으키기도 하지요.

한 직장에서 있었던 일입니다. 신입사원 김 씨는 상사에게 업무 진행 방법을 묻고 싶었지만, 곧바로 "이 업무를 어떻게 하면 좋을까요?"라고 직설적으로 질문하는 대신, "이 부분을 이렇게 진행해도 될지 여쭤보고 싶었습니다"라는 조심스러운 표현을 택했습니다. 우리 문화 속에서는 직접적인 질문이 때로는 상대방에게 도전이나 무례로 비칠까 우려하는 마음이 있기 때문이지요.

세대에 따라 질문을 바라보는 시선 역시 다를 수 있습니다. 기성세대는 간접적이고 에둘러 묻는 방식을 편하게 느끼는 반면, MZ세대는 보다 솔직하고 직설적인 질문을 통해 효율적인 소통을 선호하기도 합니다. 그래서 문화뿐 아니라 세대 간의 이런 미묘한 차이를 이해하는 것도 효과적인 질문을 만드는 데 중요한 역할을 합니다.

관심이 없으면 질문이 나오지 않고, 질문이 없으면 서로에 대한 이해도 자라지 않습니다. 오늘, 당신은 어떤 질문으로 누군가의 마음에 노크를 해보시겠습니까?

백 마디 말보다
강력한 한 번의 행동

"오늘부터 더 잘할게."

"다음엔 꼭 시간 지킬게."

"너를 위해서라면 뭐든지 할 수 있어."

이런 말들을 처음 들을 때 우리는 기대감과 설렘으로 상대의 진심을 믿게 됩니다. 하지만 그 약속이 행동으로 이어지지 않는다면, 처음에는 따뜻하게 들렸던 말들이 점점 공허한 메아리처럼 느껴지게 됩니다. 관계의 진짜 모습은 말이 아닌 행동에서 분명히 드러납니다. 말로는 사랑과 존중을 표현하면서도, 행동은 그와 반대로 간다면 관계는 그 순간부터 조금씩 금이 가기 시작합니다.

한 직장인이 들려준 이야기가 떠오릅니다. 그의 팀장은 늘 이렇게 말했습니다. "우리 팀의 워라밸은 정말 중요합니다. 퇴근 시간만큼은 꼭 지킵시다." 하지만 실제로는 퇴근 무렵 추가 업무를 갑자기 내려주거나, 밤늦은 시간에도 연락이 오곤 했습니다. 이런 말과 행동 사이의 모순은 팀원들에게 깊은 실망과 불신을 안겨주었고, 많은 직원들이 회사를 떠나는 결과로 이어졌습니다. 아무리 좋은 의도와 말이라도 행동이 이를 뒷받침하지 못하면, 관계는 천천히 그리고 돌이키기 어렵게 망가지고 맙니다.

무의미한 약속이 만드는
신뢰의 균열

상대의 말과 행동이 어긋나는 걸 한두 번 목격하면 실망으로 끝납니다. 하지만 실망이 반복되면 이야기가 달라집니다. 우리는 그 사람의 말 자체를 듣지 않게 됩니다. 약속이든, 다짐이든, 입에서 나오는 순간 이미 믿음이 가지 않습니다. 한번 무너진 신뢰를 되찾기란 정말 어려운 일입니다.

　이런 기대와 현실의 괴리는 다양한 관계 속에서 나타납니다. 마음으로는 '싫다'고 생각하면서도 겉으로는 웃으며 "알겠습니다"라고 말하거나, "문제없어요"라고 답한 뒤 속으로는 불만을 품는 경우가 종종 있습니다. 어떤 문화적 배경에서든 말과 행동의 일치는 신뢰를 구축하고 관계를 지키는 데 반드시 필요한 조건입니다. 행동하지 않는 약속은 신뢰의 기반을 흔들고 관계를 망가뜨립니다.

가정에서도 비슷한 모습은 자주 목격됩니다. 부모가 자녀에게는 정직함의 가치를 끊임없이 강조하면서, 정작 자신은 작은 거짓말을 대수롭지 않게 여기고 습관처럼 반복한다면 아이들은 어떤 생각을 하게 될까요? 아이들은 부모의 말을 듣기보다는 그들의 행동을 더 민감하고 세밀하게 관찰하고 배웁니다. 말과 행동이 다른 부모 밑에서 자라는 아이들은 자연스럽게 마음속에 모순된 가치관을 품거나 부모의 가르침을 의심하게 될지도 모릅니다.

친구 관계에서도 이런 말과 행동의 불일치는 깊은 생채기를 남깁니다. "힘들 때 언제든 연락해"라고 했던 친구가 정작 도움이 절실한 순간엔 연락이 되지 않거나, "네 비밀 꼭 지킬게"라고 다짐했던 친구가 그 비밀을 아무렇지도 않게 타인에게 전한다면 어떨까요? 그런 일들이 반복될수록 우정의 뿌리는 서서히 흔들리고, 서로를 믿고 의지했던 관계는 어느새 표면적인 교류만 남긴 채 텅 비어버리고 맙니다.

연인 관계에서는 이러한 모순이 훨씬 복잡하고 아픈 문제를 일으키기도 합니다. "너만 사랑해"라는 말을 습관처럼 달콤하게 내뱉으면서도 행동은 전혀 다른 모습을 보여준다면, 그 관계가 얼마나 버틸 수 있을까요? 특히 신뢰라는 가장 중요한 기둥이 흔들리는 순간, 예컨대 외도와 같은 사건이 벌어진다면 이 모순은 더욱 심각하고 치명적인 상처를 남깁니다. 신뢰를 깨뜨리는 행동을 하고도 평소와 똑같이 굴며 상대를 속이는 모습은 단순한 불일치를 넘어 적극적인 기만

에 가깝습니다. 이런 위선이 드러나는 순간 관계가 입는 상처는 회복
하기 어렵게 깊어져 버립니다.

이런 현상은 개인 관계에만 그치지 않고, 정치인의 공약, 기업의 윤
리 경영 선언, 공인들의 선한 영향력 주장 등에서도 영향을 미칩니다.
행동이 말을 배신하는 순간, 돌아오는 건 냉소뿐입니다.

거창한 말보다
작은 약속부터

말과 행동 사이의 연결고리를 찬찬히 들여다보면, 진정한 소통의 완
성은 행동에서 결정된다는 것을 알 수 있습니다. 우리가 따뜻한 공감
과 깊은 이해를 말로 표현할 수 있지만, 그 말들이 진정한 가치를 가
지기 위해서는 반드시 일관된 행동으로 뒷받침되어야 합니다. 이는
단순한 도덕적 규범이 아니라, 우리 마음속에 심리적인 안정감과 신
뢰라는 단단한 기초를 놓는 과정입니다. 말과 행동이 일치할 때 비로
소 관계는 더욱 견고하고 깊게 뿌리내립니다.

여기서 중요한 건 완벽한 언행일치를 기대하는 것이 아니라, 일관
된 노력을 꾸준히 이어가는 마음입니다. 우리는 누구나 실수하고, 때
로 약속을 지키지 못할 때도 있습니다. 하지만 그런 일이 예외적인
상황을 넘어 반복되는 패턴이 될 때, 관계는 심각한 위기를 맞게 됩

니다. 신뢰는 한순간 무너질 수 있지만, 그것을 다시 회복하고 유지하기 위해서는 꾸준하고 성실한 행동의 증명이 필요합니다.

언행일치를 이루기 위해 가장 먼저 필요한 것은 '말하기 전에 행동 가능성을 살펴보는 것'입니다. 말을 하기 전 잠깐 멈추고 스스로에게 조용히 질문하는 겁니다. '내가 지금 이 말을 행동으로 옮길 수 있을까?'라고 말이지요. 처음부터 지킬 수 없는 약속은 하지 않는 것이 관계를 더욱 건강하게 만드는 지혜로운 방법입니다.

나아가 일상 속 작은 약속들을 성실히 지켜나가는 것도 중요합니다. 시간 약속, 전화 한 통의 약속, 작은 선물의 약속 같은 사소해 보이는 순간들이 사실은 신뢰의 토대가 됩니다. 크고 화려한 순간보다는 일상에서 소박하게 드러나는 일관된 태도가 진정한 신뢰를 쌓아 올립니다.

우리는 얼마나 '언행일치'의 삶을 살고 있는지 조용히 스스로에게 물어볼 필요가 있습니다. 말로는 중요하다고 강조하면서도 행동으로는 소홀히 했던 가치들은 없는지, 약속은 했지만 제대로 지키지 못했던 순간들은 없었는지 성찰하는 시간이 필요합니다. 이런 자기 점검이 깊어질수록 우리의 관계는 더욱 진정성 있는 토대 위에 서게 됩니다. 지금 당신의 말과 행동은 얼마나 일치하고 있나요?

솔직함을 가장한
'뒤끝 없는 독설'

설득을 시작하는 순간, 우리는 흔히 논리만 있으면 상대의 마음을 움직일 수 있다고 믿곤 합니다. 명확한 근거와 사실, 체계적인 논리를 제시하면 누구나 자연스레 동의할 거라고 기대하죠. 하지만 현실의 대화는 그런 이상적인 모습과는 거리가 멉니다. 아무리 타당한 주장이라도 상대가 전혀 받아들이지 않을 때가 있습니다. 그런 순간을 유심히 들여다보면, 대개 상대방의 감정이 자극된 지점이 숨어 있다는 것을 알게 됩니다.

"당신이 이해하지 못하는 건…"이라는 말 한마디에 분위기가 갑자기 싸늘해졌던 경험이 있으신가요? 혹은 "그건 네 생각이 잘못된 거야"라는 한마디가 그동안 부드럽게 흘러가던 대화의 흐름을 단숨에 뒤틀어버리는 경우도 있지요. 바로 그 지점에서 설득을 위한 대화는 멈추고, 감정적 대립이 시작됩니다. 감정이 격해지면 더 이상 논리적인 대화가 오가지 않고, 설득은 실패로 끝나곤 합니다. 왜 상대의 감정이 건드려지면 아무리 탄탄한 논리도 힘을 잃게 될까요?

감정이 자극되면
설득은 멈춘다

직장에서 자주 일어나는 사례를 하나 살펴보겠습니다. 한 팀장이 중요한 프로젝트 방향성을 설명하는 자리였습니다. 처음에는 데이터와 시장 분석을 기반으로 논리적으로 새 전략을 차분히 제시했지요. 그런데 한 팀원이 의견을 내자, 팀장은 "그런 방식은 효과가 없을 것 같은데요. 이 분야는 해당 분야 필드 경험이 있어야만 이해할 수 있거든요"라고 대답했습니다. 바로 그 순간, 회의실의 분위기는 차갑게 얼어붙었습니다. 이후 어떤 제안도 진지하게 검토되지 않았고, 그 자리에 있던 사람들은 더 이상 마음을 열지 않았습니다. 한 사람의 경험과 전문성을 간접적으로 무시한 말 한마디가 모든 논리적 설득을 무너뜨린 것입니다.

또 다른 예도 있습니다. 우리 주변에서 흔히 들을 수 있는 말, "나는 뒤끝이 없는 사람이야"라는 표현이 있지요. 이 말을 하는 사람들은 보통 자신을 감정을 솔직하게 표현하고 바로 털어버리는 '쿨한' 사람이라 여기곤 합니다. 그러나 이 말의 뒤편을 자세히 들여다보면 사실은 "나는 이미 내 감정을 충분히 표출했으니 더 이상 마음에 남은 게 없다"는 의미가 숨어 있습니다.

　부부 사이를 예로 들어볼까요? 남편이 아내에게 이렇게 말합니다. "네가 항상 생각 없이 행동하니까 우리 관계가 자꾸 안 좋아지는 거야." 그리고 시간이 흐른 후 여전히 마음 상한 아내에게 덧붙입니다. "아직까지도 화가 난 거야? 나는 뒤끝이 없어서 다 잊어버렸어." 그 말을 들은 아내의 마음은 더 깊은 상처와 분노로 가득 차게 됩니다. 그 후로 남편이 어떤 의견을 내거나 제안을 해도 아내는 그것을 쉽게 받아들이지 못합니다. 이미 감정적 방어벽을 높이 쌓았기 때문이지요. 설득은 그 순간부터 이미 실패를 예고한 셈입니다.

심리적 방어벽과
설득의 실패

1966년, 심리학자 잭 브렘(Jack Brehm)은 이런 현상을 '심리적 반발 이론(psychological reactance theory)'으로 설명했습니다. 이 이론에 따르면 사람은 자신의 자유나 자율성이 위협받았다고 느끼면, 그것을 회복하려는 마음에 오히려 반대 방향으로 행동하게 됩니다.

　상대방의 감정을 자극하는 말은 상대의 자존감과 자율성을 건드리는 표현으로 받아들여집니다. "네가 틀렸어, 그걸 모르다니 놀랍네, 누구나 다 아는 사실인데" 같은 표현들이 대표적이죠. 이런 말들은 상대방에게 자신이 무지하거나 무능력하다고 느끼게 만들고, 이때 뇌는 상대의 조언을 정보가 아닌 '통제'로 인식하여, 자존감을 지키기 위해 방어적인 자세를 취하게 됩니다. 이런 방어적인 자세는 자연스레 설득에 대한 저항으로 이어지게 됩니다.

상대를 존중하지 않는 말투나 태도는 아무리 정확한 논리를 제시해도 받아들여지기 어렵습니다. 특히 한국 사회처럼 관계의 조화와 배려를 중요시하는 문화에서는, 이러한 심리적 반발이 더욱 강렬하게 나타나곤 합니다. 자존감을 훼손하는 말은 그 순간 바로 저항을 드러내지 않더라도, 시간이 흐른 뒤에 더 큰 저항으로 돌아오기도 합니다.

임상 현장에서 다양한 갈등 사례를 접하다 보면, 상대를 설득하려는 과정에서 나온 감정적 표현 하나가 대화 전체를 뒤틀어버리는 경우가 적지 않습니다. 특히 가족 관계에서 자주 목격하게 되는데, 상대방을 '바꾸려는' 의도가 지나치게 강하게 드러나면 상대는 감성적 거부감을 강하게 느끼게 됩니다. 설득이 실패하는 이유는 논리 부족 때문이 아니라, 상대의 감정적 안정감을 제대로 지켜주지 못했기 때문입니다.

우리에겐 '맞는 말'보다
'좋은 말'이 필요하다

우리 문화에서는 말의 내용만큼이나 그 말을 전달하는 방식이 큰 의미를 지닙니다. 회사에서 상사가 부하직원에게 "이 정도는 할 줄 알았는데, 실망이에요"라고 하면, 그 말은 업무에 대한 피드백을 넘어 직원의 능력 자체를 평가하는 말로 느껴지기 쉽습니다. 겉으로는 수긍하지만 속으로는 거부감이 쌓입니다. 그렇게 겉과 속이 벌어질수록, 설득은 멀어지고 관계는 닳아갑니다.

이런 문화적 특성은 설득의 방식에도 큰 영향을 미칩니다. 직접적이고 강력한 설득보다는 상대가 스스로 판단하고 결정할 수 있도록 여유를 주는 간접적인 접근이 더 효과적일 수 있습니다. "이렇게 하는 게 맞아"라고 강요하는 것보다, "이런 방법도 있는데, 어떻게 생각해?"라고 상대방의 의견을 묻는 방식이 상대의 자율성을 존중하고 방어적 태도를 완화시킬 수 있습니다.

상대방의 관점을 인정해주는 태도 또한 중요합니다. 이는 상대의 의견에 전적으로 동의한다는 뜻이 아니라, 상대의 입장에서 문제를 바라보고 이해하려 노력하는 것입니다. "그런 측면에서는 그렇게 볼 수도 있겠네요. 그럼 이런 부분은 어떻게 생각하세요?"처럼 대화를 이어간다면, 상대의 감정을 건드리지 않고도 자연스럽게 소통을 이어갈 수 있습니다.

감정을 자극하지 않고 설득할 때 또 중요한 것은 '사람'과 '문제'를 분리하는 일입니다. 아이디어나 결과에 대한 비판이 그 사람 자체에 대한 비난으로 들리지 않도록 세심히 배려해야 합니다. "이 보고서는 좀 더 보완이 필요할 것 같아요"와 "이 보고서를 보니 꼼꼼하지 못한 성격인가 봐요"는 듣는 사람에게 완전히 다른 감정을 불러일으킵니다.

감정을 존중하며 설득하는 것은 상대방을 인격적으로 존중하고 이해하는 진심 어린 태도에서 나옵니다. 상대가 자기 감정을 존중받고 있다고 느낄 때, 그때서야 마음을 열고 대화에 응하게 됩니다.

얼마 전, 나는 내 감정을 솔직히 털어놓으며 '뒤끝 없이' 말했다고 생각했을 수 있습니다. 하지만 그 말을 들은 상대방은 지금 어떤 기분을 간직하고 있을까요. 내가 옳다고 강하게 믿었던 바로 그 순간, 설득의 기회는 이미 사라지고 있었을지도 모릅니다.

4장

감정의 소용돌이에서
나를 구출하기

화가 날수록
아껴야 할 말

살아가면서 누구나 한 번쯤 겪어봤을 것입니다. 순간적인 분노에 휩싸여 뱉어버린 한마디가, 소중했던 관계에 되돌릴 수 없는 흉터를 남겼던 기억 말입니다. 오랜 시간 쌓아왔던 신뢰가 허망하게 무너진 그 순간에서야 비로소 우리는 후회합니다. "그 말만은 하지 말았어야 했는데…."

분노라는 강력한 감정이 우리를 사로잡을 때, 평소 가졌던 상대에 대한 관점이나 배려의 맥락은 급격히 흐려지고 맙니다. 오직 나의 입장만이 절대적으로 느껴져서 관계를 해치는 말들이 필터링 없이 튀어나옵니다.

특히 디지털 환경은 이런 상황을 더욱 복잡하게 만듭니다. 카카오톡이나 이메일 같은 비대면 소통 방식에서는 상대의 미묘한 표정이

나 목소리의 억양 같은, 우리가 무의식적으로 감지하던 비언어적 단서가 사라지기 때문입니다. "넌 항상 그래"라는 말은 직접 들었을 때보다 문자 메시지에서 몇 배는 더 날카롭게 다가오고, "더 이상 말하지 마"라는 메시지 뒤의 '읽음' 표시는 침묵의 공백을 견디기 힘든 단절감으로 키워냅니다.

직장에서 업무가 밀려 지연되었을 때, 가족 간의 사소한 오해가 깊어졌을 때, 친구와의 약속이 어긋나 속상했을 때 등, 우리는 누구나 분노를 경험합니다. 하지만 정작 관계의 질을 결정하는 것은 분노의 순간 자체가 아니라, 바로 그 순간 우리가 선택하는 '말의 방식'입니다. 한국 사회에서는 특히 수직적 관계에서는 감정을 억누르다가 수평적인 관계에서 오히려 과하게 표출하는 모순적인 모습이 보이기도 합니다.

분노의 언어, 관계를 파괴하는 세 가지 말

누구나 무심코 상대에게 상처를 주는 말을 할 위험이 있습니다. 그중에서도 관계를 완전히 망가뜨리는 힘을 가진 몇 가지 말들이 존재합니다. 이 말들은 단순히 감정을 드러내는 것을 넘어 상대의 존재 자체를 부정하거나, 관계 회복의 가능성마저 차갑게 차단해버리는 공통점을 갖고 있습니다.

첫 번째는 "넌 항상 이런 식이야"라며 존재를 부정하는 일반화입니다. 예를 들어, "너는 항상 늦게 오잖아" 또는 "너는 절대로 내 이야기를 끝까지 듣지 않아"와 같은 위험한 표현들이 있습니다. 직장 후배가 약속한 날짜까지 자료를 주지 않았다고 가정해 봅시다. 그때 "너는 항상 이런 식으로 일을 미루지"라고 말한다면, 후배는 자신의 모든 노력과 성과가 단번에 부정당했다는 좌절감을 느낄 것입니다. '내가 뭘 해도 소용없다'는 학습된 무기력으로 이어져 더 이상의 노력을 포기하게 만듭니다.

일반화하는 말이 특히 위험한 이유는, 상대방에게 '넌 원래 그런 사람이야'라는 틀을 씌워 변화할 가능성 자체를 닫아버리기 때문입니다. 억울함과 부당함을 느낀 상대는 즉각적으로 방어 태세를 취하며 "난 그런 사람이 아니야!"라고 저항하고, 대화는 문제 해결이 아닌 시시비비를 가리는 소모적인 싸움으로 변질됩니다.

이런 상황을 피하기 위해서는 "오늘 회의에 늦어서 당황스러웠어"나 "지금 내 이야기를 끝까지 듣지 않는 것 같아 서운해"처럼 특정 '상황'과 '행동'에 집중합니다. 그러면 상대의 방어적인 반응을 최소화하고, 문제에 대한 대화의 가능성을 높일 수 있습니다.

두 번째는 "네가 아니었으면 이런 일 없었을 텐데"라는 책임을 전가하는 비난입니다. "네가 제대로 확인했으면 이런 실수는 없었을 거야" 또는 "너 때문에 우리 팀 전체가 고생하는 거야" 같은 위험한 표현들이 대표적입니다.

대부분의 갈등과 문제는 한 가지의 원인으로만 발생하지 않습니다. 정확하지 않은 지시, 부족한 지원, 갑작스러운 변수 등 여러 가지 복합적인 요소가 얽혀 있을 수 있습니다. 그럼에도 모든 책임을 한 개인에게 돌리는 것은 현실을 지나치게 단순화하고 왜곡하는 행위입니다.

상대에게 책임을 떠넘기는 비난은, 문제를 함께 풀어가야 할 관계를 '너와 나'로 분리된 적대적 구도로 만듭니다. 비난받은 사람은 과도한 죄책감에 시달리거나 반대로 강하게 반발하게 되어 문제 해결을 가로막습니다. 협력과 조율이라는 관계의 본질을 망가뜨리는 치명적인 언어 습관입니다.

이제부터는 "이 상황에서 우리가 함께 어떤 해결책을 찾아볼 수 있을까?" 또는 "나도 지시사항을 좀 더 명확하게 전달했어야 했어. 다음에는 함께 잘 준비해보자" 등 문제의 원인을 지적하는 대신 공동의 해결책을 찾고, 자신의 책임까지 인정하는 태도를 취해야 합니다.

세 번째는 "더 이상 할 말 없어. 이미 다 끝났어"라는 관계를 단절하는 차단입니다. "난 이제 더 이상 이야기하고 싶지 않아"나 "더 말해봤자 뭐가 달라지겠어?" 등의 위험한 표현이 여기에 속합니다. 대화를 일방적으로 차단하는 행위는 상대의 감정과 생각을 무시하는 냉정한 메시지를 전달합니다. "너의 의견은 이제 들을 가치가 없다"는 무거운 의미가 내포되어 있습니다.

특히 권위를 가진 사람이 이 말을 사용하면 상대의 입을 막는 폭력적인 수단으로 작용할 수 있습니다. 대화 차단은 당장의 불편함을 피할 수는 있으나, 문제를 미해결 상태로 방치하여 풀리지 않은 감정과 오해가 시간이 흐를수록 더 큰 갈등의 씨앗이 됩니다. 이 관계가 언제든 단절될 수 있다는 근본적인 불안감을 심어주어 앞으로의 모든 소통을 위축시키는 결과를 낳습니다.

대화를 완전히 차단하기보다는, 잠시 멈추고 다시 이어가려는 의지를 보여주세요. "지금은 감정이 격해서 제대로 대화하기 힘들어. 잠깐만 시간을 갖고 다시 이야기할까?" 또는 "내가 지금 화가 나 있어서, 10분 정도만 진정할 시간을 갖고 다시 이야기하면 좋겠어"라고 표현하면, 잠시 대화를 멈췄다가 다시 소통하려는 의지가 분명하게 드러납니다. 그리고 상대방에게 '우리의 관계는 안전하다'는 신뢰감 또한 전달할 수 있습니다.

관계를
지키는 시간, 1초

감정이 격해진 상태에서 말을 꺼내기 직전이라면 지금 내가 하려는 이 말이 상대의 '행동'을 가리키고 있는지, 아니면 '존재'를 겨냥하고 있는지를 먼저 생각해야 합니다.

분노는 지나갑니다. 하지만 분노에 휩싸여 내뱉은 말과 그로 인해 생긴 상처는 쉽게 사라지지 않습니다. 감정을 완벽하게 제어할 수는 없지만, 감정을 표현하는 말은 스스로 선택할 수 있습니다. 입 밖으로 나오기 직전, 1초만 멈춰보세요.

나를 갉아먹는
부정적인 말버릇 버리기

혼자 있는 시간, 문득 거울 속 내 모습을 바라보다가 한숨처럼 흘러 나오는 "아, 또 이러고 있네…." 출근길 붐비는 지하철 속에서 머릿속을 맴도는 "오늘도 버텨내기 쉽지 않겠어." 하루를 마치고 돌아오는 길에 희미하게 품는 "내일은 좀 나아질 수 있을까?" 기대. 우리가 무심코 흘려보내는 이런 내적 대화들이 사실은 그저 혼잣말이 아니라 하루의 색깔과 삶의 온도를 정하는 아주 중요한 열쇠라는 걸 알고 계신가요?

심리학에서는 오래전부터 우리의 내면에서 펼쳐지는 말들이 얼마나 강력한 힘을 지녔는지 강조해왔습니다. 우울과 불안을 반복해서 떠올리다 보면 마음속 깊숙한 곳에 그 어둠이 자리 잡고 말지만, 따뜻하고 균형 잡힌 생각을 품으면 온화한 평화가 깃듭니다. 우리가 선택하는 말 한마디 한마디는 그렇게 우리의 감정이 흐르는 방향을 바꿉니다.

한국이라는 땅 위에서 감정을 다스린다는 일은 특별히 더 어려운 듯합니다. 직장에서는 '프로페셔널'이라는 이름 아래 감정을 숨기고, 집에 돌아와서는 '어른스러워야 한다'는 무언의 압박으로 마음을 꽁꽁 눌러두곤 하지요. 하지만 감정 조절이란, 억지로 감정을 누르는 게 아니라 하나씩 차근차근 알아차리고 받아들이는 과정에서 시작됩니다.

감정의 물결 속에서
안전한 방향키 찾기

첫 번째 언어는 "이 감정도 지나갈 거야"입니다. 지금 느끼는 나쁜 감정이 영원하지 않다는 것을 깨닫고, 그 감정에서 잠깐 거리를 두는 연습입니다. 감정의 일시성을 인식하는 시간적 거리두기(temporal distancing) 방법이지요.

월요일 아침부터 상사에게 혼나서 얼굴이 화끈거리고 속상할 때, "이 짜증나는 기분도 점심 먹을 때쯤이면 좀 풀릴 거야"라고 속으로 말해보세요. 놀랍게도, 감정을 꽉 붙잡고 있지 않고 '지나가는 구름'처럼 잠시 놔두면 그 힘이 약해집니다. 파도가 잔잔해지기를 기다리는 것과 같습니다. "이 화나는 마음도 30분 뒤에는 절반으로 줄어들 거야, 지금 이 긴장감도 발표가 딱 끝나면 사라지고 말겠지"처럼 주문처럼 사용하면, 무턱대고 참는 게 아니라 파도가 잠잠해질 때까지 잠깐 숨을 돌릴 여유를 가질 수 있습니다.

두 번째 언어는 "이것이 전부가 아니다"로, 인지적 재구성(cognitive restructuring)을 통해 좁아진 시야를 확장하는 방법입니다. 지금 겪는 안 좋은 일이 내 삶의 전부가 아니라는 사실을 깨닫고 시야를 넓히는 연습입니다. 취업 시험에 떨어지거나 중요한 프로젝트에서 실수를 했을 때, 스트레스 때문에 눈앞이 캄캄해지고 이 실패만 크게 보이게 되기 쉽습니다. 특히 한국 사회처럼 경쟁이 치열한 환경에서는 작은 실패조차 온 인생을 뒤흔드는 큰 재난처럼 느껴질 때가 많습니다.

하지만 이때는 의식적으로 "이번 면접에서 떨어진 것이 내 인생의 전부는 절대 아니야"라고 말해보세요. 이렇게 말하는 순간, 마음의 창문이 활짝 열리면서 지금 겪는 좌절은 기나긴 인생이라는 길에서 잠시 발에 걸린 작은 돌멩이일 뿐이라는 것을 깨닫게 됩니다. "이 프로젝트 하나 망쳤다고 내 경력이 끝나는 건 아니야, 오늘 시험 결과가 내 모든 능력을 보여주지는 않아"처럼 스스로에게 말하며 작은 실수 하나 때문에 나 자신 전체를 쓸모없다고 생각할 필요는 없다는 것을 기억해야 합니다.

세 번째 언어는 "이런 감정을 느끼는 것은 자연스러운 일이다"입니다. 감정의 존재 이유를 인정하고 자신을 보듬는 감정 수용의 과정

입니다. 감정을 우리의 마음이 보내는 소중한 신호로 인정하는 것이
지요.

예를 들어, 공들인 노력에 대한 혹평에 깊은 좌절감을 느낀다면,
"내가 이렇게 실망하는 건, 그만큼 이 일에 진심으로 최선을 다했기
때문이야"라고 인정할 수 있습니다. 우리 사회는 오랫동안 부정적인
감정을 드러내는 것을 금기시했습니다. 특히 "남자가 왜 그래?"라는
말로 감정 표현을 억압해온 문화가 깊게 뿌리내리고 있습니다. 하지
만 자신의 감정을 인정하는 것은 결코 변명이 아닙니다. "초조함을
느끼는 건, 이 결과가 나에게 정말 중요하다는 증거야"처럼 자신의
감정을 인정하는 것은 자신을 이해하고 성장의 발판으로 삼는 첫걸
음이 됩니다.

**지혜로운 말버릇,
일상을 바꾸는 작은 실천**

3년 차 간호사 박 씨는 환자 차트를 잘못 기록하는 실수를 했습니다.
다행히 큰 문제로 이어지지는 않았지만, 자책감은 쉽사리 가시질 않
았습니다. 그런데 살다 보면 이렇게 불편하고 아픈 경험에도 뜻밖의
선물이 숨어 있을 때가 있습니다. 박 씨는 "이번 실수 덕분에 다음부터
는 더 꼼꼼하게 확인하는 습관을 기를 수 있겠구나"라고 깨달았습니다.

아픈 경험이 오히려 우리를 더 단단하게 만드는 힘이 되기도 합니다. 물론 그 순간에는 괴롭고 아프지만, 들여다보면 그 안에는 새로운 깨달음의 씨앗이 숨어 있습니다. 그 씨앗을 발견하는 순간, 우리는 한 걸음 더 성장한 자신을 만나게 됩니다. 힘든 일에서도 의미를 발견하는 말버릇이 있습니다.

예를 들어, "이번 갈등 덕분에 서로가 지켜야 할 선(경계)을 더 명확하게 알게 됐어"라고 하거나, "거절당해서 속상하지만, 덕분에 다음에 무엇을 더 준비해야 할지 알게 됐어"라고 말할 수 있습니다. "실패하는 과정에서 내가 진짜 좋아하는 일이 무엇인지 다시 한번 깨달았어"라고 스스로에게 말해줄 수도 있습니다. 아픔 속에서 의미를 찾을 때, 그 경험은 더 이상 나를 힘들게 하는 상처가 아니라 인생을 풍요롭게 만드는 자산이 되기도 합니다.

한편, 이직을 준비하는 정 과장은 해야 할 일이 너무 많아 밤잠을 설치고 있었습니다. 이력서, 자기소개서, 면접 준비, 퇴사 절차까지, 너무 많아 엄두가 안 나지만 아무리 커다란 산도 잘게 쪼개면 정상에 오를 수 있습니다. 정 과장은 "오늘은 우선 이력서 초안만 써보자"라고 다짐했습니다.

행동 활성화(behavioral activation)의 원리에 따르면, 압도적인 감정은 우리를 움직일 수 없게 만들지만, 아주 작은 행동이라도 시작하면 다시 움직일 힘이 생깁니다. 불가능해 보이는 일도 잘게 나누어 하나씩 해나가면, 어느 순간 '충분히 해낼 수 있는 일'로 바뀌어 있을 겁니다.

"오늘은 딱 15분만 이 업무에 집중해보자"라거나, "우선 첫 단락만 완성하고 잠시 쉬자"라고 말해보세요. 아니면 "지금은 아이디어만 모으고, 정리는 나중에 하자"라고 계획을 세울 수도 있습니다. 우리나라 사람들은 '빨리빨리' 문화와 완벽주의 성향 때문에 100%가 아니면 의미가 없다고 생각하기 쉽습니다. 하지만 이런 작은 말버릇은 작은 진전 하나하나도 소중한 성취임을 깨닫게 해주며, 우리 일상을 더욱 따뜻하고 부드럽게 바꿔줄 수 있습니다.

감정에 거리를 두고, 시야를 넓히고, 그 감정을 있는 그대로 인정하는 것은 마음을 다루는 기본기입니다. 여기에 아픔 속에서 의미를 찾고, 작은 행동 하나를 시작하는 실천이 더해지면 감정은 나를 휘두르는 힘이 아니라 읽을 수 있는 신호로 바뀝니다. 한꺼번에 다 하지 않아도 됩니다. 오늘은 하나면 충분합니다.

나만큼은
내 편이 되어주자

잠을 이루지 못하고 뒤척이는 동안 시계는 어느새 새벽 2시를 넘어서고 있습니다. 아침에 있을 중요한 회의 생각이 꼬리에 꼬리를 물며 "발표를 망치면 어떡하지? 자료에 빠뜨린 부분은 없을까? 예상치 못한 질문을 받으면 어떻게 대처하지?"와 같이 마음을 조여옵니다. 불안은 파도처럼 밀려와 가슴을 두근거리게 하고, 손바닥에는 식은땀이 흐릅니다.

이런 불안은 면접을 기다리는 순간, 밤늦도록 귀가하지 않는 자녀를 기다리는 시간, 건강검진 결과를 기다리는 며칠, 중요한 시험을 앞둔 밤 등 크고 작은 모습으로 우리의 일상 곳곳에 숨 쉬고 있습니다.

특히 끝없는 경쟁과 비교, 불확실한 미래 그리고 빠르게 변화하는 사회 분위기가 우리의 불안을 더욱 크게 만듭니다. SNS 속 타인의 화려한 모습은 내 일상을 더욱 초라하게 만들고, 경제의 불확실성을 알리는 뉴스는 막연한 미래의 불안을 더 깊게 키우죠. 그렇다면 이런 순간, 우리는 어떻게 해야 할까요? 불안을 완전히 없앨 수는 없겠지만, 그 무거움을 조금은 덜어낼 방법은 있지 않을까요?

오랜 시간 정신과 진료를 하면서 사람들을 만나며 깨달은 사실이 있습니다. 불안의 순간, 스스로에게 건네는 작은 말 한마디가 때로는 놀라운 변화를 가져온다는 것입니다. 마음을 가라앉히고 편안하게 만드는 '내 편 말'은 교육심리학자 크리스틴 네프(Kristin Neff)가 말하는 '자기자비(self-compassion)'와 맞닿아 있습니다. 나 자신에게 친절하게 대하고, 고통과 실패를 나만 겪는 특별한 불행이 아니라 누구나 거쳐 가는 경험으로 바라보고, 괴로운 감정 앞에서 과장하지도 회피하지도 않고 균형을 잡는 것. 네프의 연구에 따르면, 이런 태도를 가진 사람들은 불안한 상황에서도 더 안정적으로 대처합니다. 자기자비는 약한 자신을 위로하는 데 그치지 않습니다. 불안과 고통 앞에서 나를 흔들림 없이 지탱해주는 내면의 힘이 됩니다.

나를 지켜주는
네 가지 말

그렇다면 불안이 밀려올 때, 우리는 스스로에게 어떤 말을 건넬 수 있을까요? 광고대행사 마케팅팀의 32살 지민 씨는 글로벌 브랜드 프레젠테이션을 일주일 앞두고 "망치면 어떡하지?"라는 생각으로 밤잠을 설쳤습니다. 그러다 그녀는 "지금 이 순간만 바라보자. 미래는 아직 오지 않았어"라고 관점을 바꿔보기로 했습니다. 간단한 생각의 전환은 놀라운 변화를 가져왔고, 그녀는 일주일 뒤의 거대한 발표 대신 오늘 할 수 있는 작은 일에 초점을 맞추자 불안의 크기가 점점 줄어들었습니다.

명문대 경영학과를 졸업하는 26살 준호 씨는 꿈꾸던 외국계 컨설팅 회사의 최종 면접 대기실에서 손이 멈추지 않고 떨렸습니다. 그는 "이 떨림은 내가 진심으로 노력하고 있다는 증거야"라고 스스로에게 말하며 용기를 얻었습니다. 떨림이 사라지진 않았지만, 이제 그 떨림은 약점이 아니라 진심의 표현이자 진정성의 증거가 되었죠. 실제로 적당한 긴장과 불안은 우리가 최상의 결과를 만들어 내도록 돕습니다. 불안을 없애야 할 장애물이 아니라, 내 곁을 걷는 든든한 동반자라고 받아들일 때 그 무게는 한결 가벼워집니다.

IT 기업의 프로젝트 매니저인 42살 수진 씨는 큰아이의 입학식과 중요한 클라이언트 미팅 일정이 겹친 것을 발견하고 극심한 스트레스를 겪었습니다. 불안이 온몸을 휘감았지만, 그녀는 잠시 숨을 고르며 과거를 떠올렸습니다. "나는 이전에도 비슷한 순간들을 잘 헤쳐나왔어"라는 생각이었습니다. 지난해 긴급 프로젝트 마감과 시댁 행사가 겹쳤을 때처럼, 완벽하진 않았지만 나름대로 창의적인 해결책을 찾아 위기를 극복했던 기억들이 떠오르자 이번에도 해낼 수 있다는 확신이 생겨났습니다.

대기업 공채 준비로 스펙 경쟁에 지쳐 있던 25살 현우 씨는 "남들은 다 완벽한데 나는 부족해"라며 자신감을 잃어갔습니다. 그러다 문득 "불완전해도 충분히 가치 있어"라는 생각으로 달라졌습니다. 모든 스펙을 완벽히 갖추는 것보다 자신만의 특별한 강점을 발견하고 그것을 효과적으로 표현하는 일이 훨씬 중요하다는 것을 깨달은 것입니다.

내면의 든든한
친구 만들기

한국 사회는 유독 100점 만점만을 인정하는 완벽주의 문화가 강합니다. 아이러니하게도 자신의 불완전함을 인정하고 받아들일 때, 우리는 더 유연하고 창의적인 자신을 만날 수 있습니다.

"내 편이 되어주는 말"이 강력한 이유는, 우리의 마음과 생각을 부드럽고 여유롭게 만들어주기 때문입니다. 불안은 "반드시 이렇게 해야 해, 절대 이렇게 하면 안 돼"와 같은 경직된 생각에서 비롯되곤 합니다. 그러나 이런 다정한 말 한마디는 꽉 막힌 우리의 사고를 부드럽게 풀어주고, 흑백 논리의 틀에서 벗어나 다양한 가능성을 바라보게 해주는 인지적 유연성을 길러줍니다.

우리는 "참아야 미덕이다, 실패는 용납할 수 없다"와 같은 메시지에 길들여져왔고, 최근에는 SNS를 통한 끊임없는 비교가 불안을 더욱 증폭시킵니다. 이제는 스스로를 몰아세우는 목소리 대신, 나 자신을 이해하고 격려하는 새로운 목소리를 마음에 담아야 할 때입니다.

물론 이런 '내 편 말'이 불안을 마술처럼 단번에 없애주는 것은 아닙니다. 불안이라는 감정은 인간이 생존하고 적응하는 과정에서 자연스럽게 진화해온 감정으로, 우리를 위험에서 보호하기 위한 꼭 필요한 경보 시스템과도 같은 것이지요. 다만 불안이 밀려들 때, 자신에게 가장 혹독한 말 대신 한마디만 바꿔보세요. "지금 나에게 필요한 말이 뭘까?" 그것만으로도 충분합니다.

"힘내, 다 잘 될 거야"
보다 효과적인 위로법

친구가 시험에 떨어졌다는 소식을 듣고 습관처럼 "괜찮아, 다음엔 잘될 거야"라고 말한 적 있나요? 가족이 어려운 일을 겪을 때 "힘내, 너라면 충분히 이겨낼 수 있어!"라고 응원했던 경험이 있으신가요? 혹시 누군가 "괜찮아?"라고 물었을 때, 정말 하나도 괜찮지 않으면서도 "응, 괜찮아"라고 답한 기억은 없나요?

이런 위로의 말들이 때로 공허하게 들리거나, 오히려 상대방의 마음을 더 깊이 외롭게 만드는 이유는 무엇일까요? 그 이유는 바로 '긍정의 배신' 때문입니다. 우리는 상대를 위로하기 위해 긍정적인 말을 건넸지만, 의도치 않게도 그 사람의 감정을 부정하거나 현실을 직시하지 못하게 하는 역설적 상황을 만든 것이지요.

"다 잘될 거야, 시간이 해결해줄 거야, 긍정적으로 생각해봐"와 같은 표현들은 분명 좋은 의도에서 시작됩니다. 그러나 이런 위로에는 상대의 감정을 충분히 헤아리지 않고, 빨리 긍정적인 상태로 넘어가길 바라는 마음이 담겨 있기도 합니다. 이런 말을 들은 사람은 "너의 감정은 별로 중요하지 않아. 빨리 극복해"라는 숨겨진 메시지를 받는 듯한 기분을 느끼기도 합니다.

물론 "괜찮아"라는 말이 항상 나쁘다는 것은 아닙니다. 작은 실수나 크게 개의치 않을 상황이라면 오히려 가볍게 지나칠 수 있는 적절한 위로일 수 있습니다. 하지만 누군가 깊은 감정의 늪에 빠져 있을 때, 이런 단순한 위로는 때론 턱없이 부족할 수 있습니다.

직장인 미연 씨는 10년간의 결혼 생활 끝에 이혼을 결정했다는 친구와의 대화를 회상했습니다. "처음에 저는 '괜찮아, 널 위한 선택이었을 거야'라고 위로했어요. 그런데 친구의 표정이 어두워지는 걸 보면서, 제가 상처 줬다는 사실을 깨달았죠. 나중에 친구는 '나한테는 엄청 힘든 일이었는데, 네가 별일 아닌 일처럼 생각하는 거 같아서 더 외로웠어'라고 털어놓았어요.

이렇게 상대가 깊은 상실감이나 혼란, 두려움을 겪을 때 무심코 던진 긍정은 오히려 그 사람의 마음을 부정하는 결과를 낳기도 합니다.

특히 한국 사회에서는 빨리 극복하고 강해지는 것을 미덕으로 삼는 분위기 탓에, 이런 긍정의 배신이 더욱 흔하게 나타나곤 합니다.

우리는 왜 불편한 감정을 마주했을 때 서둘러 "괜찮아"라고 말하게 될까요? 사실 이것은 상대의 아픔을 직접 마주하는 것이 우리 스스로에게도 불편하기 때문입니다. 타인의 고통을 보는 것은 우리 자신에게도 무거운 짐이기에, 빨리 그 상황을 끝내고 싶은 마음이 앞서기 마련입니다.

하지만 이런 표면적인 위로는 상대방에게 의외로 큰 상처를 줄 수 있습니다. 감정이 충분히 인정받지 못하면, 그 사람은 더욱 깊은 외로움과 고립감을 느끼게 됩니다. 감정을 표현하면 안 된다는 잘못된 메시지를 받아 장기적으로는 정서적인 단절까지 이어질 수도 있지요. "다 잘될 거야" 같은 말은 실질적인 해결책이나 더 깊은 대화를 차단하는 역할을 합니다.

마음을 여는
위로의 언어

"괜찮아" 같은 습관적인 위로를 넘어, 상대의 감정을 진심으로 인정하고 서로의 마음을 연결하는 방법이 있습니다.

첫째는 감정을 있는 그대로 인정하기입니다. "지금 정말 많이 실망스럽고 속상하겠구나. 그런 상황이라면 누구라도 그렇게 느낄 거야." 타인의 감정을 있는 그대로 인정하는 것은 우리가 건넬 수 있는 가장 따뜻하고 강력한 위로입니다. 감정에는 옳고 그름이 없습니다. 그저 모든 감정은 자연스러운 것이란 메시지를 전하는 것이지요. 이렇게 하면 상대방은 자신의 감정을 수치스럽게 여기지 않고, 편안한 안정감을 느끼게 됩니다.

대학원 입시에 연달아 두 번이나 실패해 좌절에 빠진 친구에게 "많이 속상하겠다"라고 마음을 헤아리는 말을 건네는 것은, "다음엔 꼭 될 거야"라는 다독임보다 훨씬 깊은 공감을 전달합니다. 이렇게 감정을 먼저 인정할 때 상대는 비로소 자신이 이해받고 있음을 느낄 수 있습니다.

둘째는 구체적으로 물어보고 진심으로 귀 기울이기입니다. "어떤 부분이 가장 힘들어? 좀 더 자세히 이야기해줄 수 있을까?" 형식적으로 "괜찮아?"라고 묻는 대신, 상대의 이야기를 구체적으로 물어봐주는 것은 상대에게 나의 진정한 관심을 보여주는 태도이자 상대의 경험을 진심으로 이해하고 싶은 마음의 표현입니다.

중요한 것은 질문 후 상대의 말을 진심으로 경청하는 것입니다. 이야기를 듣는 중간에 끼어들거나 서둘러 조언하려 하지 않고, 온전히 상대의 말에 집중하는 것이 중요합니다. "정말 억울했겠다, 그런 말을 들었을 때 화가 나는 게 당연해"와 같이 구체적인 감정을 짚어가며 공감하는 반응만으로도 상대는 자신의 경험이 충분히 가치 있고 소중하게 받아들여지고 있음을 느끼게 됩니다.

셋째는 함께 있음을 보여주기입니다. "지금 네가 어떤 마음일지 정확히 알 순 없지만, 이 시간을 혼자서 감당하게 하고 싶진 않아. 내가 네 곁에 있을게." 때로는 문제를 해결하려고 애쓰는 것보다 그저 말없이 곁에 머물러주는 것이 훨씬 더 깊은 위로가 됩니다. 무언가를 '빨리 고쳐야 한다'는 압박 대신, 상대의 감정을 묵묵히 함께 견뎌주겠다는 약속은 신뢰를 단단하게 합니다.

이는 단순히 말로만 전하는 것이 아니라 행동으로 더욱 분명해집니다. 이별로 깊은 상처를 입고 힘들어하는 친구를 위해 지방에서 서울까지 올라와, 아무 말 없이 주말 내내 곁에 있어주는 일. 그 따스한 존재만으로 "네가 걱정되어서 그냥 곁에 있고 싶었어"라는 메시지를 더 진하게 전달할 수 있습니다. 특히 누군가가 큰 상실이나 변화로 힘겨워할 때, "다 잘될 거야"와 같은 성급한 위로보다는 조용히 함께 있어주는 존재가 훨씬 더 깊은 안정감을 선물합니다.

넷째는 상대의 내적 자원 상기시키기입니다. "예전에도 비슷한 어려움을 잘 견뎌냈었잖아. 난 네 안에 그런 힘이 있다는 걸 알아." 잘될 거라는 무조건적인 낙관보다는 상대의 실제 경험과 내면의 강점을 일깨워주는 편이 더 진심 어린 위로가 됩니다. 공허한 격려가 아닌, 그 사람 자신도 잊고 있었던 내적 자원을 끌어내주는 것이지요.

6개월 동안 준비한 중요한 프로젝트가 실패로 돌아갔을 때, "넌 늘 책임감 있게 일을 해왔고, 어려운 순간에도 늘 방법을 찾아왔잖아"

라고 말해주는 것이 "괜찮아, 누구나 다 실수하잖아"라고 넘기는 것보다 훨씬 더 깊은 울림을 줍니다. 상대의 구체적인 강점과 잠재력을 인정해주면 잃었던 자신감도 되찾을 수 있습니다.

마지막으로 현실적 대안 함께 모색하기입니다. 지나치게 거창한 해결책보다는 지금 당장 할 수 있는 작은 행동부터 함께 고민해보는 것이 압도당한 상대에게 훨씬 더 현실적인 도움을 줍니다. 막연한 위로가 아닌, 현실적이고 실천 가능한 행동을 찾는 것입니다.

처음으로 중요한 발표를 맡게 되어 몹시 불안해하는 신입 직원에게, "잘할 수 있을 거야"라고 말하기보다 함께 슬라이드를 점검하고 발표하는 방법을 차근차근 알려주는 것이 더 큰 도움이 됩니다. "이 부분은 이렇게 말하면 청중들이 훨씬 쉽게 이해할 수 있을 거야, 미리 질문이 나올 만한 부분을 준비해볼까?"와 같이 실제적인 도움을 주는 것이, 추상적인 격려보다 훨씬 더 불안을 덜어주고 자신감을 높여줍니다.

상황에 맞는
위로의 깊이

위로에는 정해진 공식이 없습니다. 상황마다 필요한 마음의 결이 달라 그때그때 가장 어울리는 위로의 언어를 찾는 것이 중요합니다.

상실과 이별의 시간을 겪는 사람에게는 감정을 재촉하지 않고 천천히 표현할 수 있는 여유를 만들어주는 것이 필요합니다. "시간이 지나면 괜찮아질 거야"라는 다소 무심한 말보다 "네가 그 사람을 얼마나 아끼고 소중히 여겼는지 알아. 지금 그 슬픔을 충분히 느껴도 괜찮아"라는 말이 더 진심 어린 위로가 됩니다. 상실을 받아들이는 속도와 방식은 각자 다르기 마련입니다. 그렇기에 상대의 슬픔과 회복의 과정을 있는 그대로 인정하고 존중하는 것이 가장 중요합니다.

불확실함과 불안이 밀려오는 순간에는 내가 할 수 있는 것과 없는 것을 구분하고, 할 수 있는 일부터 하나씩 집중하도록 이끌어주는 게 도움이 됩니다. "미래의 모든 걸 지금 당장 알 수는 없지만, 오늘 당장 우리가 할 수 있는 작은 일부터 하나씩 시작해보자"라고 말해주면, 불확실성 속에서도 작은 확실성을 찾아 마음의 안정을 되찾을 수 있게 돕는 것이지요.

위로의 목적은 문제를 해결해주는 것이 아닙니다. 상대의 감정을 고쳐주려 하지 않아도 됩니다. "네가 어떤 감정을 느끼든 나는 여기에 있을게." 위로는 그 이상도 그 이하도 아닙니다.

자존감을 지켜주는
자기 대화 훈련

거울 앞에 섰을 때, 무심코 스스로에게 말을 건넬 때가 있습니다. "오늘도 충분히 괜찮아"라며 자신을 위로하기도 하고, "또 이 모양이야?"라며 자책을 하기도 하지요. 이렇게 하루에도 수백 번, 우리는 자신과 대화를 나눕니다. 누구에게도 들리지 않지만, 내 마음 깊숙이 새겨지는 말들입니다.

특히 겸손과 자기 절제를 미덕으로 여기는 한국 사회에서 우리는 자신을 향한 비판적 시선을 쉽게 내면화합니다. "너무 자신을 내세우면 안 돼, 더 잘해야 해"라는 메시지에 익숙해지다 보니, 자신을 대하는 태도가 필요 이상으로 엄격해지곤 합니다. 이런 습관이 반복되면 스스로에게 건네는 말은 점점 가혹해지고, 자존감의 뿌리는 서서히 약해집니다.

하지만 다행히 이 내면의 대화는 얼마든지 변화시킬 수 있습니다. 내 마음속 대화의 패턴을 알아차리고 조금씩 바꿔 나가는 과정은 단순히 자기 자신을 대하는 태도만이 아니라 삶의 질 전반에 놀라운 변화를 가져옵니다. 그렇다면 자존감을 지키는 건강한 자기 대화, 어떻게 시작할 수 있을까요?

세상의 평가보다 무서운
나의 혼잣말

35살 직장인 미영 씨는 같은 시기에 입사한 동기가 먼저 승진했다는 소식을 들은 날부터 잠이 오지 않았습니다. 출근길 지하철 안에서도 "나만 뒤처지고 있는 거 아닐까? 회사에서 나를 필요 없는 사람으로 보고 있는 건 아닐까…"라는 생각이 꼬리를 물었습니다. 이런 내면의 부정적 대화는 단순한 속상함을 넘어서 그녀의 자신감을 순식간에 갉아먹었고, 평소 잘 해내던 업무에서도 자꾸 위축되기 시작했습니다.

우리의 마음은 반복적으로 듣는 메시지를 점점 진실처럼 받아들이는 경향이 있습니다. "난 이런 상황에서 못해"라는 말을 스스로에게 계속하면, 뇌는 그 말을 사실로 인식하고 그에 맞게 행동하게 됩니다. 그래서 위기의 순간, 스스로에게 건네는 따뜻한 말 한마디가 자존감을 지키는 데 큰 힘이 됩니다.

우리에게는 이미 가지고 있는 자기 이미지를 끊임없이 확인하고 강화하려는 심리적 경향이 있습니다. 문제는 이것이 긍정적인 방향으로만 작동하지 않는다는 점입니다. 자신을 부정적으로 인식하는 사람일수록 그 부정적인 이미지를 확인시켜주는 경험과 정보를 더 쉽게 받아들이게 됩니다. "역시 난 못해"라는 내면의 목소리가 반복될수록, 그것은 일종의 자기 성취적 예언(self-fulfilling prophecy)처럼 우리를 옭아매게 됩니다.

자존감을 지키는
다섯 가지 자기 대화법

첫째, 행동과 나 자신을 분리해야 합니다. 준호 씨는 새 직장에 입사해 처음 맡은 업무에서 그만 실수를 하고 말았습니다. 순간 그는 자신도 모르게 "난 정말 한심한 놈이야"라고 스스로를 책망했습니다. 하지만 이런 자책은 단순한 실수를 그의 전체 인격과 가치로 확대해버립니다. 그럴 때는 잠시 숨을 고르고, 자신에게 이렇게 말해보세요. "이번엔 실수했지만, 그게 내 가치를 결정하는 건 아니야." 특정한 행동이나 상황 속에서의 실패가 나의 본질적인 가치나 인격을 규정하지 않는다는 것을 명확히 인식해야 합니다. 행동은 언제든 바꿀 수 있지만, 자신과 행동을 동일시하는 대화는 자존감의 근간을 흔들기 때문입니다.

둘째, 자신의 감정을 있는 그대로 인정해야 합니다. 다은 씨는 친구와의 사소한 말다툼 이후 자신의 민감한 반응을 문제 삼으며 괴로워했습니다. "왜 나만 이렇게 예민할까? 다른 사람들은 괜찮은데…"라며 스스로를 나무랐죠. 하지만 자신의 감정을 부정하는 일은 오히려 자존감을 깎아내리는 결과를 가져옵니다. "지금 내가 속상한 건 당연한 거야. 이런 감정이 드는 게 잘못된 건 아니야." 이렇게 자신의 감정을 그대로 인정해주는 것이 건강한 자기 대화입니다. 감정을 충분히 느끼되, 거기에 삼켜지지 않을 만큼의 거리를 두는 것이 핵심입니다.

셋째, 과정에 초점 맞추기입니다. 진급에서 실패한 서준 씨는 "그동안의 노력이 모두 물거품이 됐어. 난 역시 실패자야"라는 생각에 빠졌습니다. 결과만을 기준으로 자신의 가치를 판단하는 이런 자기 대화는 자존감을 심각하게 훼손합니다.

이럴 때는 과정에 집중하는 자기 대화를 시도해볼 수 있습니다. "원하는 결과를 얻진 못했지만, 이 과정을 통해 많이 배웠어. 다음에는 다른 방법을 시도할 수 있겠지." 결과만 중시하는 사회에서는 성취 과정보다는 최종 결과에만 집중하기 쉽습니다. 그러나 자존감을 건강하게 유지하려면 노력의 과정과 그 과정에서 얻은 성장을 인정하고 격려하는 자기 대화가 필수적입니다.

넷째, 구체적인 다음 단계 제시하기입니다. 대학원 논문 작성에 어려움을 겪던 영희 씨는 "이 논문은 도저히 쓸 수 없어. 너무 막막해"라며 한숨을 내쉬었습니다. 이런 자포자기식의 내적 대화는 오히려 행동할 의지를 꺾어버리고 맙니다. 이럴 때 좀 더 부드럽고 효과적인 자기 대화 방법은 바로 구체적이고 작은 다음 단계만 제시하는 것입니다. "지금 당장 논문 전체를 완성하지는 못해도, 오늘은 서론의 첫 문단만이라도 써보자." 이렇게 하나의 작고 명확한 행동 목표를 설정하면 막막한 마음이 한결 가벼워지고, 행동할 용기가 생겨납니다.

큰 과제나 어려운 상황 앞에서 우리는 전체를 한 번에 다 해결해야 한다는 부담감에 쉽게 압도됩니다. 하지만 자존감을 지키면서 어려움을 극복하려면 실행 가능한 작은 단계에 초점을 맞추고 스스로를 차분히 격려하는 것이 무엇보다 중요합니다.

다섯째, 과도한 일반화 피하기가 있습니다. 면접에서 떨어진 이후, 지훈 씨는 "난 중요한 순간마다 항상 실패하는 사람이야. 내 인생은 늘 이런 식이지"라며 자책했습니다. 이렇게 '항상, 늘, 절대'와 같은 극단적이고 단정적인 표현을 사용하는 자기 대화는 단 한 번의 작은 사건을 인생 전체의 실패처럼 확대해버리는 부정적인 습관을 만듭니다.

대신 이렇게 말해보세요. "이번에는 잘되지 않았지만, 그렇다고 앞으로 모든 기회에서 실패하는 건 아니야." 한 번의 실패나 어려움을 자신 전체의 특성이나 삶의 패턴으로 일반화하는 것은 우리의 자존감을 서서히 무너뜨리는 독과 같습니다. 지금 이 순간의 상황을 균형 있게 바라보고, 과도하게 확대 해석하지 않도록 스스로를 다독이며 차분한 자기 대화를 연습해보세요.

내면의 든든한
지지자 되기

내면의 대화 패턴을 바꾼다는 건 하루아침에 이뤄지지 않습니다. 오랜 시간 동안 굳어진 습관이기에, 꾸준한 관심과 연습이 필요하지요.

우선 내 마음속 대화를 의식하는 습관부터 만들어보세요. 특히 감정이 격해지는 순간, 내 안에서 어떤 말들이 오가는지 더욱 주의 깊게 살펴보세요. 부정적인 대화를 발견하면 잠시 멈춰서 "지금 내 생각이 정말 사실일까? 만약 친한 친구가 같은 상황이라면 나는 뭐라고 말해줄까?"라고 되물어보는 것도 도움이 됩니다. 우리는 타인에게는 다정하고 따뜻한 말을 건네면서도 정작 자기 자신에게는 지나치게 가혹할 때가 많으니까요.

그리고 평소에 자주 떠오르는 부정적인 생각에 맞설 수 있도록 현실적이면서 따뜻한 긍정의 말을 미리 준비해두세요. 반복되는 자기 비난이나 자책의 패턴을 인지하고, 대신 자신을 격려하거나 다독이는 말들을 떠올려 놓으면 실제 상황에서 더 자연스럽게 대처할 수 있습니다.

자기 대화를 바꾼다는 건 긍정적으로 생각하라는 뜻이 아닙니다. 내가 나를 대하는 태도, 그 말투 하나를 알아차리는 과정입니다.

감정 표현 체크리스트,
지금 이 말 필요할까?

퇴근 무렵 팀장님에게 메일 한 통이 왔습니다. "보고서 다시 써주세요. 이 정도로는 곤란합니다." 한 줄짜리 답장이었습니다. 일주일 동안 야근하며 쓴 보고서였습니다. 순간 가슴속에 뜨거운 무언가가 치밀어 올랐습니다. "일주일 내내 야근해서 쓴 건데, 뭐가 문제인지 말씀이라도 해주셔야 하는 거 아닌가요?"라고 곧장 답장을 쓰려던 찰나, 문득 생각이 들었습니다. '이 말, 지금 꼭 해야 하는 걸까?'

연인이 보낸 메시지를 읽습니다. "오늘 약속 미안한데 다음으로 미뤄야 할 것 같아." 벌써 세 번째 약속 취소입니다. 속상함과 서운함이 뒤섞여 "항상 너만 생각하는 것 같아"라고 타이핑했지만, 보내기 버튼을 누르기 직전 잠시 화면을 바라봅니다. '이 말, 정말 필요한 걸까?'

감정을 표현하는 것은 정말 중요하지만, 모든 감정을 있는 그대로 즉시 표현하는 게 과연 최선일까요? 우리는 때때로 순간의 감정에 휩쓸려 돌이킬 수 없는 말을 내뱉고, 뒤늦게 후회할 때가 있습니다. 한 번 입 밖으로 나온 말은 되돌릴 수 없으며, 그 찰나의 선택이 때로는 소중한 관계의 방향을 완전히 바꿔놓기도 합니다.

이럴 때 도움이 되는 것이 바로 '감정 표현 체크리스트'입니다. 이는 감정을 억누르거나 무시하자는 뜻이 아닙니다. 오히려 감정을 보다 정확하고 현명하게 표현할 수 있도록 스스로 잠시 숨을 고르는 것입니다.

내 감정의
정확한 이름 찾기

"짜증 나, 화가 나"로 뭉뚱그리지 말고 한 번만 더 들여다봅니다. "지금 나는 서운한 걸까, 무시당한 느낌일까, 아니면 억울한 마음에서 비롯된 분노일까?" 이렇게 감정을 구체적으로 짚어보는 것만으로 한 발짝 떨어져 자신을 바라볼 여유가 생깁니다.

동기들과의 모임에 참석한 지혜 씨는 친구들이 자신을 빼고 따로 만났다는 이야기를 듣자 처음엔 크게 화가 났습니다. 곧바로 "왜 나만 빼고 만났어?"라며 따지고 싶었지만, 잠시 자신의 감정을 들여다보았습니다. 그러자 자신이 느끼는 감정이 '화'라기보다는 '소외감'과

'서운함'이라는 것을 깨달았습니다. 감정을 정확히 인식하자, 자신이 정말로 원했던 것이 '소속감'과 '인정'이라는 사실을 알게 되었고, 그 마음을 친구들에게 더 솔직하게 표현할 수 있었습니다.

감정에 정확한 이름을 붙이면 그 감정과 나 사이에 작은 틈이 생깁니다. 이 작은 틈이 우리에게 선택의 여지를 줍니다. 우리가 감정을 명확히 인식하지 못하면, 감정이 우리의 말과 행동을 지배하게 됩니다.

말의 의도와 영향 살피기

마음이 격해진 순간, 입을 열기 전에 잠시 멈추고 생각해봅니다. 내가 이 말을 하려는 진짜 이유는 무엇일까? 단지 내 감정을 쏟아내기 위해서일까, 상대를 변화시키고 싶어서일까, 아니면 나 자신의 상처를 보호하려는 걸까? 스스로에게 묻고, 내 말이 상대에게 어떤 울림을 줄지 한 번쯤 생각해봐야 합니다.

우리는 종종 의도와 말이 상대에게 미치는 영향 사이에서 커다란 간극을 경험합니다. 나는 그저 내 마음을 털어놓았을 뿐인데 상대는 비난을 받았다고 느끼거나, 내가 선의를 베풀었다고 생각했지만 상대는 간섭당하는 기분이 들기도 합니다.

타이밍과
침묵의 지혜

감정이 극도로 고조된 순간에는 합리적인 결정을 내리기 어렵습니다. 격렬한 감정이 우리의 시야를 좁히고, 장기적인 결과보다 순간적인 감정 해소에만 몰두하게 만듭니다. 이럴 때 필요한 질문이 있습니다. 바로 "지금 이 말을 하는 것이 적절한 타이밍인가?"입니다. 감정의 파도가 잠잠해질 때까지 기다리는 시간이 때로는 필요합니다. 잠시 멈추고 기다리거나, 표현 방식을 달리하거나, 때로는 아무 말도 하지 않는 것이 더 현명할 수 있습니다.

부부싸움 중이던 현우 씨는 배우자에게 오래된 상처를 들추어 이야기하려다 멈췄습니다. '지금 이 얘기를 꺼내면 더 나빠질 것 같은데….' 그는 "우리 둘 다 지금 화가 많이 나 있는 것 같으니까 조금 이따 차분해지면 다시 얘기하자"라고 제안했습니다. 결과적으로 시간이 지난 후 두 사람은 훨씬 더 건설적인 대화를 나눌 수 있었습니다. 이 침묵은 "더 이상 할 말 없어"와는 다릅니다. 대화를 끝내는 게 아니라, 대화를 다시 이어가려고 잠시 멈추는 겁니다.

디지털 시대를 사는 우리는 더 조심해야 합니다. 순간의 분노로 SNS에 글을 올리거나, 감정적인 메시지를 보낸 뒤 후회하는 일은 흔히 있습니다. 한번 보낸 말은 다시 되돌릴 수 없습니다. "이 말, 내일 아침까지 기다릴 수 있을까?"라는 간단한 자문이 깊은 후회와 큰 상처를 예방할 수 있습니다.

　감정을 표현하는 것과 감정에 휘둘리는 것은 다릅니다. 모든 감정은 그 감정대로 느낄만한 가치가 있습니다. 하지만 모든 감정을 그 자리에서 말로 꺼낼 필요는 없습니다. 무엇을 말할지만큼 무엇을 말하지 않을지도 선택입니다. 감정이 격해지는 순간, 지금 이 말이 꼭 필요한지 스스로에게 한 번만 물어보세요.

울컥할 때 나를 붙잡아주는
말 한 줄

새벽에 갑작스레 전화벨이 울렸습니다. 화면에는 어머니의 이름이 떴습니다. 평소라면 절대 이 시간에 전화를 거실 분이 아니라 가슴이 철렁 내려앉았습니다. 그 짧은 순간, 머릿속에는 온갖 최악의 상상들이 빠르게 스쳐 지나갔습니다. '아버지께 무슨 일이 생겼나…?' 손이 떨리고 숨이 차오르면서, 전화기를 잡기도 전에 이미 눈물이 고였습니다.

바로 그때, 마음속 깊숙한 곳에서 한 마디가 천천히 떠올랐습니다.

"아직 아무것도 확인되지 않았어. 천천히 숨을 쉬자."

그 짧은 한마디가 몰아치는 공포와 불안을 조용히 멈추어주었습니다. 저는 깊게 숨을 들이마시고, 다시 숨을 고른 후에야 전화기를 들 수 있었습니다. 다행히도 어머니께서는 제가 전날 사드린 생일 선물을 어디에 두었는지 기억이 나지 않아, 밤새 애타게 찾으시다가 이른 새벽에야 저에게 전화를 거셨던 것이었습니다. 그렇게 한마디의 말이 막연한 공포에서 현실로 시선을 옮겨 놓아준 것입니다.

살다 보면 갑작스럽게 밀려드는 감정에 울컥 치밀어 오르는 순간이 누구에게나 있습니다. 예상치 못한 상황에 놀라거나, 가까운 사람에게서 뜻하지 않은 말로 상처를 받았을 때, 혹은 중요한 자리에서 극도의 긴장과 불안이 파도처럼 밀려올 때 말이지요. 이때 우리는 자신도 모르게 평소의 모습과 전혀 다른 행동이나 말을 하기도 합니다. 그럴 때 필요한 것이 바로 나를 붙잡아주는 '한 줄의 말'입니다.

울컥하는 순간,
감정을 다스리는 한 줄

한국어에는 '울컥'이라는 독특한 표현이 있습니다. 영어의 overwhelmed 나 일본어의 こみあげる와 비슷하지만, '울컥'이라는 우리말은 감정이 목구멍까지 차오를 정도로 생생하고 절절한 느낌을 잘 표현합니다. 이 단어가 가진 섬세함은 한국 문화가 가진 정서적 깊이를 잘 드러내 주기도 합니다. 이런 예민한 감정적 순간에 준비된 짧은 문장 하나가 자동적인 감정 반응을 잠시 멈추고, 우리가 숨을 고르고 다시 마음을 가다듬을 여유를 선물하는 것이지요.

마음이 격해질 때, 나를 다독이는 문장 한 줄이 얼마나 소중한지 경험한 적이 있으신가요? 살다 보면 자신을 스스로 위로할 수 있는 그런 문장들이 절실할 때가 있습니다. 효과적인 진정 문장에는 정서 조절 연구를 통해 검증된 몇 가지 공통된 특징이 있습니다.

첫째는 감정을 인정하면서도 적당한 거리를 두는 문장입니다. "화가 나는 건 당연한 일이지만, 그 감정이 나의 전부는 아니야." 이런 표현은 감정을 부정하지 않으면서도 그것에 압도되지 않고 한 발짝 떨어져 여유롭게 바라보게 해줍니다. 이를 탈융합(cognitive defusion) 혹은 관찰자적 자기(observer self)라고 합니다. 날카로운 비판에 즉각 반발하려던 순간 "지금 내가 화가 나는 건 당연한 일이야. 하지만 나는 이 감정을 잠시 떨어져서 바라볼 수도 있어"라고 생각하면 무턱대고 방어하거나 변명하지 않고, 마음의 여유를 갖고 건설적인 피드백으로 들을 수 있게 됩니다.

둘째는 감정의 일시성을 상기시키는 문장입니다. "이 순간도 곧 지나갈 거야." 이 짧고 단순한 문장은 강렬한 감정이 영원히 지속되지 않는다는 것을 일깨워줍니다. 많은 부모님들이 청소년 자녀와 갈등이 생길 때마다 "이 순간도 곧 지나간다"라는 문장을 속으로 되뇌곤 합니다. 그 덕분에 마음을 진정시키고 후회할 말을 꺼내기 전에 깊은 숨을 쉬며 상황을 차분히 풀어나갈 수 있습니다.

셋째는 자신의 내적 자원을 떠올리게 하는 문장입니다. "나는 전에도 이런 상황을 잘 극복한 적이 있어." 이 말은 힘들었던 과거를 되새

기면서도, 과거의 나 자신이 어려움을 이겨냈던 힘과 다시 일어설 수 있는 회복력을 상기시켜줍니다.

마지막은 현재 순간에 집중하게 해주는 문장입니다. "지금 이 순간에만 집중하자." 우리의 불안은 주로 지나간 일에 대한 후회나 아직 오지 않은 미래에 대한 걱정에서 생겨납니다. 이 문장은 그런 과거의 짐이나 미래의 불안에 얽매이지 않도록 선을 긋고, '지금 당장 내가 할 수 있는 일'에 온전히 몰입하도록 도와줍니다. 마감 기한이 다가와 스트레스가 심해질 때, "지금 당장 할 수 있는 이 한 가지에만 집중하자"고 되뇌면 복잡한 과제도 작고 명료한 단계로 나누어 해나갈 수 있습니다.

내면의 닻,
감정의 파도 속에서 나를 지키는 말

진정 문장을 제대로 활용하려면 우선 자신의 감정 패턴을 알아야 합니다. 비판을 받을 때 흔들리는지, 불확실한 미래 앞에서 무너지는지, 타인의 무관심에 상처받는지. 그 패턴을 알면 상황에 맞는 나만의 문장을 미리 준비할 수 있습니다. 비상구의 위치를 미리 알아두는 것과 같습니다.

아직 나만의 한 줄이 없어도 괜찮습니다. 다음에 울컥하는 순간이 오면, 그때 찾아도 됩니다. 이른 새벽 갑작스러운 전화벨 소리에 가슴이 철렁 내려앉았던 어느 날, "아직 아무것도 확인되지 않았어. 천천히 숨을 쉬자"라는 그 말이 저를 붙잡아주었던 것처럼 말입니다.

격한 감정을
차분한 문장으로 번역하는 법

새벽 3시, 내일의 중요한 미팅, 어제 회사에서 마주한 상사의 차가운 시선, 다음 달 만기가 돌아오는 대출, 자녀의 입시 문제 그리고 부모님의 건강까지…. 끝도 없이 이어지는 걱정과 생각들이 꼬리에 꼬리를 물 듯 머릿속을 맴돕니다. 한 가지 생각을 겨우 밀어내면 또 다른 걱정이 그 빈자리를 비집고 들어옵니다. 불안과 걱정, 때로는 분노와 후회마저 뒤섞여 더 복잡한 감정의 소용돌이를 만들어갑니다.

여기서 주목할 것은 우리를 힘들게 하는 게 감정 그 자체가 아니라, 흐르지 못하고 고여버린 '감정의 정체'라는 점입니다. 표현되지 못하고 머릿속에 맴돌며 고여 있는 감정과 생각들이 우리를 괴롭게 만듭니다. 강물이 자연스럽게 흐를 때는 맑고 투명하지만, 어딘가에 막히면 금세 탁해지고 썩기 마련입니다. 감정도 마찬가지로 원활하게 흘러가지 못하면 무거워지고 어두워지며 우리를 더 깊은 우울의 늪으로 끌고 가게 됩니다.

감정의 순환과 정체, 흐름의 심리학

누구나 감정을 느끼지만, 그 감정을 자연스럽게 표현하고 흘려보내는 능력은 타고나는 것이 아닙니다. 우리는 어릴 때부터 감정을 드러내지 않는 법을 먼저 배웁니다. 울음을 참는 법, 화를 삼키는 법, 괜찮은 척하는 법. 그렇게 억누른 감정은 결코 사라지지 않고, 다른 형태로 표출된다는 것을 우리는 삶 속에서 종종 경험합니다.

감정 표현과 감정 순환은 다릅니다. 표현이 순간의 감정을 언어로 옮기는 것이라면, 순환은 그 감정의 전 과정을 언어로 따라가며 흐름을 촉진하는 과정입니다. 감정을 말로 풀어내는 것은 단지 마음속의 감정을 밖으로 배출하는 것 이상으로, 감정을 정리하고 통합하는 치유의 과정이기도 합니다.

감정을 흐름의 관점에서 바라보면 흥미로운 사실을 발견하게 됩니다. 감정은 고정된 상태가 아니라 파도처럼 오르고 내리는 에너지의 흐름이라는 점입니다. 불안이나 분노가 나쁜 것이 아니라 단지 특정 형태의 감정 에너지라는 것입니다. 문제는 이 감정의 에너지가 흐르지 못하고 막혀서 썩고 고여버리는 데 있습니다.

언어 루틴의 네 가지 실천법, 흐름 복원하기

우리의 감정은 강물처럼 흘러가지만, 때로는 막혀서 우리를 힘들게 합니다. 네 가지 '언어 루틴'은 감정의 흐름을 복원하고 스스로 마음의 주인이 되도록 돕는 구체적인 방법입니다.

첫 번째는 사이렌 일기입니다.

"지금 내 몸에서 가장 크게 느껴지는 감각은 ______(신체 감각)이고, 마음속에서 아주 작게 속삭이는 감정은 ______(감정)이다. 이 신호는 내게 ______(신호의 의미)을 알려주고 싶은 것 같다."

예) "지금 내 몸에서 가장 크게 느껴지는 감각은 목이 조이는 답답함이고, 마음속에서 아주 작게 속삭이는 감정은 서운함이다. 이 신호는 내게 내 마음을 누군가에게 표현하라는 것을 알려주고 싶은 것 같다."

우리의 몸과 마음은 하루에도 수많은 신호를 보내지만 우리는 바쁘다는 이유로 자주 무시합니다. 이 루틴은 감정이 커져 폭발하기 전에 보내는 아주 작은 신호들에 귀를 기울이고 언어로 기록하는 습관입니다. 매일 단 5분만 투자해서 사이렌 일기 문장을 완성하며 몸과 마음의 신호를 기록합니다. 처음엔 어색해도 실망하지 말고 꾸준히 해보세요. 특히 샤워나 목욕 중에 하면 몸의 감각에 더 집중하기 쉬워집니다.

두 번째는 감정의 강 루틴입니다.

"이 ______ (감정)은 ______ (시작된 상황)에서 출발하여, 지금은 ______ (현재의 상태)로 변화했고, 앞으로는 ______ (예상되는 변화)의 형태로 흘러갈 것 같다."

예) "이 불안은 아침 회의에서 상사에게 지적받은 순간에서 출발하여, 지금은 자책과 무기력으로 변화했고, 앞으로는 퇴근길에 걸으면서 조금씩 가라앉는 형태로 흘러갈 것 같다."

감정은 영원히 고정되지 않고 흐르는 강물처럼 늘 변하고 움직입니다. 이 루틴은 감정의 변화하는 흐름을 의식적으로 바라보고 언어로 표현하는 연습입니다. 자신에게 질문을 던지고 기록합니다. 분노나 불안 같은 강한 감정을 다룰 때는 감정의 강도를 1부터 10까지 점수로 표현해보면 변화를 더 확실히 관찰할 수 있어 더욱 효과적입니다.

세 번째는 언어의 창 루틴입니다.

"지금 나는 _______(감정)을 느끼고 있다. 이 상황을 객관적으로 본다면, _______(객관적 시각)라고 생각할 것 같다. 1년 뒤의 나는 이 경험을 _______(미래의 의미)로 기억할 것 같다."

예) "지금 나는 억울함과 분노를 느끼고 있다. 이 상황을 객관적으로 본다면, 팀장의 지적이 과했다고 생각할 것 같다. 1년 뒤의 나는 이 경험을 부당한 상황에서 나를 지키는 법을 배운 계기로 기억할 것 같다."

우리는 보통 내 감정에 갇혀 한 가지 시각으로만 상황을 바라봅니다. 이 루틴은 여러 가지 다른 관점에서 감정을 들여다보며, 감정에 갇히지 않고 더 넓고 유연하게 상황을 이해하도록 돕습니다. 우리는 같은 상황에서도 내 입장, 타인의 시각 그리고 시간이 지난 후의 관점으로 생각해볼 수 있습니다. 감정에 압도될 때 "잠깐, 다른 시각에서 바라본다면 어떨까?" 하고 스스로에게 질문하는 것이 중요합니다.

마지막은 완료의 언어입니다.

"이 경험은 내게 _______(배운 것)을 가르쳐주었다. 나는 이제 이 경험에서 _______(간직할 것)은 간직하고, _______(보낼 것)은 보내기로 한다. 이 감정과 경험에 감사한다. 이제 이 순환은 끝났다."

예) "이 경험은 내게 내 기준을 지키는 법을 가르쳐주었다. 나는 이 제 이 경험에서 단단해진 나는 간직하고, 상대에 대한 원망은 보내 기로 한다. 이 감정과 경험에 감사한다. 이제 이 순환은 끝났다."

오랫동안 마음속에 머물며 우리를 괴롭히는 감정이나 경험들이 있는데, 이 루틴은 오래 머무는 감정에 의식적으로 마침표를 찍고, 그것을 삶의 자연스러운 일부로 받아들이는 마무리 과정입니다. 먼 저 해당 감정이나 경험에 대해 종이에 자유롭게 적어본 후, 한 문장 으로 선언하고 정리합니다. 종이를 태우거나, 강물에 흘려보내거나, 특별한 상자에 넣어 묻는 등의 상징적인 행동을 더하면 더 효과적입 니다.

이 네 가지 루틴은 감정의 흐름이 막힌 곳에 물꼬를 터주는 도구입 니다.

**감정 순환을
일상 속 습관으로 만드는 법**

이 루틴을 일상에 자연스럽게 녹이려면 어떻게 해야 할까요?

일상의 '작은 쉼표'에 마음 습관을 연결해보세요. 하루를 살다 보면 매일 되풀이되는 순간들이 있습니다. 예를 들면 출퇴근 시간, 따뜻한 샤워를 할 때, 혹은 잠자리에 들기 직전처럼 말입니다. 별생각 없이 지나치던 순간들을 '마음 챙김 시간'으로 정해보면, 평소 루틴에 할 일을 살짝 얹는 거라 전혀 부담 없이 꾸준히 지속할 수 있을 것입니다.

욕심내지 말고 아주 '작게' 시작하는 겁니다. 새로운 습관을 만들 때 너무 완벽하게 하려고 하면 오히려 시작조차 어렵게 느껴지곤 합니다. "하루에 딱 하나만!, 일주일에 두세 번이라도 괜찮아!"라고 다정하게 격려하는 마음을 가지세요. 완벽한 실천보다는 작고 소박하더라도 일단 꾸준히 지속하는 것이 훨씬 중요합니다. 완벽해야 한다는 부담을 확 내려놓고, 우리 마음에 맞는 속도로 편안하게 시작하면 됩니다.

디지털 기기를 친근한 '마음 친구'로 활용해볼 수도 있습니다. 요즘은 감정을 기록하고 내 마음 상태를 파악해주는 마음 날씨, 디지털 저널 같은 앱들이 정말 많습니다. 평소 스마트폰이나 태블릿이 익숙한 분들에게는 이런 디지털 도구가 아주 친근하고 편리한 마음 친구가 될 수 있습니다. 간단하게 내 감정을 기록하고 추적하며 루틴을 이어가보세요.

가장 중요한 것은 '나만의 방식'을 찾는 자유로움을 누리는 것입니다. 성격과 생활 환경에 따라 얼마든지 유연하게 바꿔도 괜찮습니다. 꼭 글쓰기가 아니어도 그림을 그리거나, 조용히 걸으면서 생각해보는 것도 좋은 방법입니다. 자유롭게 시도하고, 자신에게 가장 잘 맞는 '맞춤 루틴'을 완성해나가는 것도 큰 즐거움입니다.

감정을 강제로 '해결'하려 들지 않아도 됩니다. 흐를 수 있게만 해주면 충분합니다. 새벽 3시, 꼬리에 꼬리를 무는 걱정에 잠들지 못할 때, 이 루틴이 감정의 물꼬를 터줄 겁니다.

5장

언어 습관 속에 숨은
진짜 나와 마주하기

말버릇은
나의 자존감을 보여준다

"저는… 제가….'

드라마 〈미생〉의 장그래가 무심결에 내뱉던 말입니다. 회의실에서도, 복도를 걸을 때도, 심지어 아무도 듣는 사람이 없을 때조차 그의 입에서는 이런 말들이 흘러나왔습니다. 자신의 존재를 미리 사과하는 듯한 이 작은 습관에는, 그가 자기 자신을 어떻게 바라보고 있는지가 고스란히 드러나 있습니다.

장그래만의 특별한 습관일까요? 그렇지 않습니다. 우리 모두는 자신도 모르게 사용하는 말버릇을 갖고 있습니다. "저 같은 게 뭘요, 그냥 운이 좋았어요, 별거 아니에요…" 이런 말들이 무심코 튀어나올 때, 단순히 겸손한 표현이라고 생각하지만, 사실 그 안에는 나 자신을 어떻게 바라보고 있는지에 대한 솔직한 마음의 고백이 담겨 있습니다.

말은 결코 거짓말을 하지 않습니다. 우리가 아무리 의식적으로 꾸미고 포장하려 해도, 무의식 속 깊은 곳에 감추어져 있던 진짜 생각은 입버릇을 통해 서서히 스며나오기 때문입니다. 그런 의미에서 말버릇은 내 자존감을 그대로 비추어주는 가장 정직한 거울입니다.

말 속에 숨어 있는
내면의 목소리

똑같이 좋은 성과를 거둔 두 동료가 있습니다. 이들에게 칭찬을 건넸을 때 어떤 대답이 돌아올까요? "이번 프로젝트 정말 잘하셨네요!" 첫 번째 동료는 이렇게 대답합니다. "아니에요, 그냥 운이 좋았어요. 저 같은 게 뭘요… 다들 도와주신 덕분이죠." 두 번째 동료는 이렇게 말합니다. "감사합니다. 열심히 준비한 덕분인 것 같아요. 팀원들과 함께한 덕분에 더 좋은 결과가 나왔어요."

첫 번째 동료의 말에서는 겸손을 넘어, 자신의 능력과 노력을 인정하지 못하는 습관이 드러납니다. "저 같은 게"라는 표현 속에는 자기 자신에 대한 부정적인 평가가 녹아 있고, "그냥 운이 좋았다"는 말 속에서는 자신의 성과를 외부 요인으로 돌리려는 심리가 숨어 있습니다.

사회심리학자 헤이즐 마커스(Hazel Markus)는 자기 도식(self-schema) 이론에서 우리가 자신에 대해 품고 있는 믿음이 일종의 틀이 되어 이후의 경험을 해석한다고 설명합니다. 즉, 내가 나를 어떻게 바라보는지가 말로 표현되고, 그 말이 다시 나를 형성하는 것이지요.

더 흥미로운 사실은 이렇게 자신을 낮추는 화법을 가진 사람들에게는 '듣는 습관' 역시 비슷한 방향으로 형성된다는 것입니다. "오늘 정말 예쁘네요." 자존감이 낮은 사람들은 이런 말을 듣는 순간 "이 사람이 나를 놀리는 건가?" 혹은 "진심일 리 없어"라는 생각부터 듭니다. 상대방의 진심을 의심하거나, 설령 진심이라고 하더라도 "별거 아니에요, 제가 뭘요"라며 곧바로 그 말을 차단해버립니다.

겸손과 자기 비하, 그 미묘한 경계선

한국 사회에서 자존감과 말투의 관계는 생각보다 복잡합니다. "겸손해야 한다"는 문화적 가르침이 너무 강하다 보니, 자칫 자기 비하와 겸손의 경계가 흐려지기 쉽기 때문입니다.

회식 자리에서 상사가 "이번에 정말 수고 많았어"라고 칭찬하면, 우리는 거의 자동반사적으로 "아닙니다, 별로 한 것도 없는데요"라고 답합니다. 이런 말이 예의 있는 행동이라 배웠기 때문입니다. 하지만 이런 표현이 습관이 되어 반복되다 보면, 어느 순간부터 스스로의 성취를 제대로 인정하지 못하는 태도로 굳어지기도 합니다.

그런데 진정한 겸손과 자기 비하는 분명히 다릅니다. 겸손한 사람은 스스로의 가치를 충분히 알고 있어서 과장하거나 과시할 필요를 느끼지 않습니다. 반면 자기 비하는 자신이 가진 가치를 제대로 인식하지 못하거나 지나치게 낮추어 평가하는 태도입니다.

누군가 칭찬할 때 "감사합니다. 팀원들이 도와준 덕분이에요"라고 말하는 것은 진정한 겸손입니다. 자신의 노력을 인정하는 동시에 다른 사람들의 공도 함께 돌아보기 때문입니다. 그러나 습관적으로 "아니에요, 저는 한 게 없어요"라고 대답하는 것은 겸손이라기보다는 스스로를 부정하는 자기 비하에 가깝습니다.

그렇다면 건강한 자존감을 가진 사람들은 어떻게 말할까요? 이들은 여전히 겸손한 태도를 유지하지만, 자신이 지닌 가치를 부정하거나 축소하지 않습니다.

칭찬을 받을 때, "감사합니다"라는 인사로 상대방의 선의를 편안하게 받아들입니다. 그리고 덧붙여 "정말 열심히 준비했거든요" 혹은 "좋은 결과가 나와서 저도 정말 기쁩니다"라고 자연스럽게 자기의 노력을 표현합니다.

실수했을 때도 마찬가지입니다. "역시 나는 뭘 해도 안 돼"나 "나는 늘 이렇게 실수만 해"처럼 극단적으로 자신을 부정하지 않습니다. 대신 "이번에는 실수가 있었지만, 다음에는 더 신경을 써봐야겠다" 혹은 "이번 경험에서 배울 점이 있었다"라고 말합니다. 실수를 인정하면서도 자신의 존재 가치까지 흔들리지 않게 지켜내는 것이지요.

작은 말버릇이 만드는
큰 변화

어떤 사람은 습관처럼 "저는 원래 소심해서요"라고 말합니다. 얼핏 들으면 성격을 있는 그대로 표현한 것 같지만, 그 안에는 "나는 바뀌지 않아"라는 작은 포기가 숨어 있습니다. '원래'라는 단어 하나가 변화를 향한 가능성을 가로막는 셈입니다.

또 어떤 사람은 사소한 일에도 "죄송해요"를 연신 입에 담습니다. 엘리베이터에 함께 탔을 때도, 식당에서 주문을 할 때도, 회의에서 발언하기 전에도 "죄송한데요"라는 말을 내놓습니다. 진짜 잘못이 있어서가 아니라, 그저 자신의 존재가 상대에게 조금이라도 부담이 될까 미리 사과하는 것입니다.

특히 고객 컴플레인을 다루는 부서에서 일하는 사람들에게 이 현상은 더 두드러집니다. 하루 종일 "죄송합니다"를 반복하다 보면 일상이 되어버립니다. 백화점에서 쇼핑을 하면서도 "죄송한데, 저 물건 좀 볼 수 있을까요?"라고 무의식적으로 말하게 되는 것이죠. 엄연히 고객임에도 말입니다.

습관들은 자신도 모르게 "나는 가치가 없어, 나는 문제야, 나는 늘 조심해야 해"라는 메시지를 스스로에게 끊임없이 보내는 결과를 낳습니다. 하루에도 수십 번씩 반복되는 이 말들을 뇌는 어느새 사실처럼 받아들이기 시작합니다.

반대로 "괜찮습니다, 할 수 있을 것 같아요, 한번 해볼게요"와 같은 말을 자주 쓰는 사람들이 있습니다. 이들의 말투에는 자신에 대한 기본적인 믿음이 깔려 있습니다. 꼭 완벽하지 않아도, 때로는 넘어질 수도 있지만, 그래도 자신이 가치 있고 충분히 괜찮은 존재임을 믿고 있기에 가능한 말들입니다.

말버릇을 관찰하는 것은 자기 인식의 출발점입니다. 내가 어떤 말을 자주 하는지, 칭찬을 들었을 때 가장 먼저 나오는 반응이 무엇인지, 실수했을 때 어떻게 말하는지 천천히 살펴보는 것이지요.

말버릇을 바꾸는 일은 생각보다 어렵지 않습니다. 갑자기 완전히 다른 사람이 될 필요는 없습니다. "저 같은 게 뭘요" 대신에 "감사합니다, 기분 좋네요"라고 표현하는 것부터 시작하면 됩니다. "그냥 운이 좋았어요"라고 하기보다는 "열심히 노력한 보람이 있네요"라고 말해보는 것이지요.

드라마 〈미생〉의 장그래도 후반부에 가면 조금 달라집니다. 늘 "저는…, 제가…"로 말을 시작하던 그가 어느 순간 조심스럽게나마 자기 생각을 꺼내놓기 시작합니다. 외람되지만, 제 생각은… 하고 운을 떼는 목소리에는 더 이상 자기 존재를 사과하는 기색이 없습니다.

오늘 하루, 내 입에서 가장 많이 나온 말은 무엇이었을까요.

상대의 공간을
비워두는 '대화의 여백'

"엄마와 통화하면 딱따구리가 머리를 계속 쪼아대는 것 같아요."
어느 분의 한숨 섞인 이 고백이 오랫동안 기억에 남았습니다. 아버지
에 대한 불만부터 시작해 이웃과의 갈등, 친구들에 대한 험담까지 한
시간을 넘기며 끊임없이 이어지는 어머니의 전화를 받고 나면, 머릿
속이 멍해지고 온몸에 힘이 빠진다는 이야기였죠. 엄마의 말은 분명
많았지만, 딸에게 남은 것은 피로와 무력감뿐이었습니다.

반면 주변을 보면 말을 많이 하지 않아도 사람들이 저절로 귀를 기
울이는 사람이 있습니다. 이들이 던지는 짧고 묵직한 한마디는 깊은
울림을 남기고, 대화를 나눈 뒤 오히려 힘이 생기는 듯한 기분을 느
끼게 합니다. 도대체 무엇이 이런 차이를 만드는 걸까요?

말의 방향,
어디를 향하는가

흔히 볼 수 있는 회의 풍경을 떠올려보세요. A 과장은 모든 안건마다 자신의 경험담을 늘어놓습니다. "제가 예전에 있던 회사에서는 말이죠… 비슷한 프로젝트를 진행했을 때는 이렇게 했었는데…" 이런 식으로 말입니다. 처음에는 귀 기울이던 동료들도 서서히 시계를 들여다보며 지루함을 표현합니다.

B 팀장은 다릅니다. 그는 지금까지 나온 의견을 명확히 정리한 후, "이 외에도 혹시 다른 방법이 있을까요?"라며 질문을 던집니다. 순간 모든 시선이 그에게 집중되고, 회의 분위기는 활기차게 바뀝니다.

이 두 사람의 결정적 차이는 명확합니다. A 과장은 자기 자신에게서 시작해 다시 자기 자신에게로 말을 돌립니다. 반대로 B 팀장은 상대를 향해 열려 있습니다. 듣는 이들이 충분히 참여할 수 있도록 공간을 만들고, 함께 만들어가는 소통을 추구하는 것입니다.

흥미롭게도 이런 차이는 어릴 때부터 나타납니다. MIT와 하버드 공동 연구팀의 레이철 로미오(Rachel Romeo) 박사는 대화의 양이 아니라, '대화 턴(conversational turns)'이 아이들의 뇌 발달에 결정적 역할을 한다고 밝혔습니다. 성인과 아이가 번갈아 말을 주고받는 상호작용이 아이의 언어 능력을 크게 성장시킵니다. 한쪽이 일방적으로 말을 많이 한다고 해서 긍정적인 결과를 얻는 것이 아닙니다. 이런 상호작용

방식은 아이가 자라 성인이 되어서도 계속됩니다.

경계를
넘나드는 말들

어느 날 한 알바생이 털어놓은 이야기가 기억납니다. 카페 사장님이 자신의 왁싱 경험담을 아무렇지도 않게 늘어놓았다는 겁니다. 그것도 사타구니 부위까지 적나라하게 묘사하며 한참을 떠들었다고 합니다. 젊은 사람들이 흔히 쓰는 표현대로 'TMI' 그 자체인 상황이었지요. 솔직히 이 정도면 TMI를 넘어 성희롱에 가깝습니다. 여자 알바생 입장에서 남자 사장님의 은밀한 이야기를 들어야 하는 상황이 얼마나 난감했을까요? 일방적으로 자신의 감정을 쏟아내는 이런 대화는 상대를 감정 쓰레기통처럼 여기는 것과 다름없습니다. 말을 듣는 사람의 불편함은 조금도 생각지 않는 행동이니 말입니다.

사실 한국 사회를 가만히 보면, 이런 강제적 경청 상황이 유독 많습니다. 예를 들어, 시어머니와 며느리 사이에 오가는 안부 인사를 한번 떠올려볼까요? "요즘 여기저기 아파, 입맛이 없어"와 같은 하소연이 되풀이되고, 며느리는 "힘드시겠어요, 병원 잘 챙겨 다니세요" 같은 형식적인 답변만 건넬 수밖에 없습니다. 이런 소통의 그림자는 위계적인 문화 속에서 자연스럽게 형성된, 우리 모두가 너무나 잘 알고 있는 풍경이기도 합니다.

반면에 특별히 많은 말을 하지 않아도 사람들의 마음을 끄는 이들이 있습니다. 이들은 상대방의 상태를 민감하게 감지합니다. 상대가 지쳤다는 기색이 보이면 이야기를 적절히 마무리할 줄 알고, 흥미를 보이면 그때 이야기를 더 깊게 이어갑니다.

미국 로체스터대학교의 심리학자 해리 T. 레이스(Harry T. Reis)는 이것을 '반응성(responsiveness)'이라고 정의합니다. 그저 듣는 수준을 넘어, 상대방이 표현하려는 의미를 정확하게 이해하고 그에 맞게 반응하는 능력입니다. 이 반응성은 상대의 존재를 가치 있게 인정한다는 심리적 신호입니다. 대화의 주도권을 독점하는 대신, 감정이 서로 오갈 수 있는 자리를 만드는 것이지요.

한 독서 모임에서 본 장면이 떠오릅니다. C 씨는 자신이 읽은 책의 내용을 길고 지루하게 늘어놓았습니다. 사람들은 점점 집중력을 잃고 각자 딴짓을 시작했죠. 그때 D 씨가 나지막이 물었습니다. "여기에서 작가가 진짜 하고 싶었던 이야기가 무엇이었을까요?" 순간 모든 시선이 D 씨에게 쏠렸고, 모임의 분위기는 생기를 되찾으며 활발한 토론으로 이어졌습니다.

C 씨의 말이 정보 전달에만 머물렀다면, D 씨의 말은 사람들의 마음속 생각을 깨웠습니다. C 씨가 자신의 지식을 증명하려고 했다면, D 씨는 사람들과 함께 그 책의 의미를 탐구하려고 했던 겁니다.

대화 속에 숨은
존재 방식

'말 많은 사람'과 '말로 사람을 끄는 사람'의 차이는 그 사람이 세상을 바라보는 방식, 타인과 관계를 맺는 태도 그리고 자신을 대하는 마음가짐입니다.

말이 많은 사람의 언어를 유심히 들여다보면 그 속에 묘한 불안감이 깃들어 있음을 알 수 있습니다. 그들은 침묵이 어색하고 두려워서, 끊임없이 자신을 증명해야 한다는 강박감에 시달립니다. 그래서 "내가 말이야, 내 생각엔, 내가 예전에…" 같은 표현을 자꾸 반복하며 모든 이야기의 중심이 자신에게 향하도록 만듭니다.

이런 태도는 갑자기 나타난 것이 아니라 어릴 적부터 조금씩 쌓인 경험에서 비롯됩니다. 자신의 말이 충분히 존중받지 못했거나, 관심을 얻기 위해 더 크고 강하게 말을 해야만 했던 순간들이 마음속에 쌓여 방어기제가 된 것입니다.

반대로 매력 있는 대화자들에게서는 놀라운 안정감이 느껴집니다. 그들은 자신을 굳이 드러내려 하지 않고, 침묵이 찾아와도 편안히 받아들입니다. 말이 적더라도 상대방에게 진심 어린 관심과 호기심을 가지고 이야기를 건넵니다.

이 차이는 단순히 개인의 성격 문제만은 아닙니다. 우리가 자라온 환경과 교육 그리고 살아오면서 쌓인 가치관이 모두 언어 습관에 영향을 미칩니다.

우리 모두는 매일 누군가와 말을 주고받으며 살아갑니다. 그 말이 상대방의 마음을 힘들게 만드는 딱따구리의 소음이 될지, 서로를 따뜻하게 감싸주는 대화가 될지는 우리의 선택에 달려 있습니다.

화내는 순간 본질은 사라지고 감정의 찌꺼기만 남는다

분기별 실적 발표가 한창이던 회의실의 공기가 화면에 뜬 예상치 못한 부진한 결과로 차갑게 가라앉았습니다. 한 팀장은 즉각 방어적으로 나섰습니다. "이건 저희 팀 잘못이 아닙니다! 마케팅팀이 예산을 충분히 안 줘서 그런 거잖아요!" 목소리에 억울함이 가득했습니다. 그때 옆에 있던 다른 팀장이 잠시 침묵을 지키다가 차분한 목소리로 말했습니다. "이번 분기는 모두에게 예상보다 더 어려웠던 것 같습니다. 각 팀마다 어떤 어려움과 변수가 있었는지 천천히 같이 들어보면 좋겠네요." 그의 말 한마디에 냉랭했던 회의실 분위기가 눈에 띄게 달라졌습니다. 사람들의 시선이 부드럽게 그를 향했고, 자연스럽게 그는 이후 회의의 중심이 되어 논의를 이끌었습니다.

똑같이 불편한 상황을 맞닥뜨려도, 왜 누군가는 불안과 두려움 속에서 방어적으로 목소리를 높이거나 입을 굳게 다무는 반면, 다른 누군가는 오히려 편안하고 당당하게 상황의 중심이 될 수 있을까요? 그것은 단지 뛰어난 논리력이나 말재주 때문만은 아닙니다. 바로 감정을 다루는 능력이 있는 사람과 그렇지 못한 사람의 차이입니다.

감정에 휘둘리는 사람과
감정을 다스리는 사람

많은 사람들이 불편한 대화를 세련되게 풀어가는 법을 잘 모릅니다. 아니, 더 정확히는 어떤 대화가 정말로 불편한 대화인지조차 모르는 경우가 많습니다. 조금만 상대방과 의견이 달라도 큰 갈등이라도 되는 양 '위험 신호'로 여기며 급히 피하려고 합니다.

회사에서 동료가 낸 아이디어에 명확히 문제가 보이더라도 입을 닫아버립니다. "좋은데요"라며 속으로는 전혀 동의하지 않으면서도 건성으로 넘기거나, "시간 없으니 다음에 이야기합시다" 하며 말을 돌리기 바쁩니다. 반대 의견을 내는 순간 갈등이 일어난다고 믿기 때문입니다.

더 큰 문제는 업무상 필요한 지적까지도 개인에 대한 공격으로 받아들이는 태도입니다. "제가 부족해서 그런 거죠, 저는 늘 실수가 많네요." 이런 식으로 객관적이고 필요한 피드백을 자신의 인격이나 능력 자체에 대한 비판으로 확대하여 받아들이는 것입니다.

이런 사람들이 가진 감정 표현의 특징은 극단성입니다. 평소에는 "괜찮아요, 알겠습니다"라고 모든 것을 다 참고 넘어가지만, 어느 순간 더 이상 참지 못하고 터뜨립니다. "이제 더는 못 참겠어요! 왜 저한테만 그러세요?"라는 말로 극한의 감정을 폭발시키고 맙니다.

심리학에서는 이런 태도를 '갈등 회피(conflict avoidance)'라고 합니다. 겉으로는 상대를 배려하는 듯 보이지만, 실제로는 자신이 불편한 상황을 피하려는 자기중심적이고 방어적인 행동입니다. 진정으로 유용하고 가치 있는 의견을 과감히 전하는 충신과 단지 듣기 좋은 말만 하며 상대의 비위를 맞추는 간신의 차이와 비슷합니다.

갈등 회피의
뿌리를 찾아서

이런 패턴이 생겨나는 데는 마음속 깊숙이 숨어 있는 이유가 있습니다. 감정을 다루는 법을 제대로 배우지 못한 사람들의 어린 시절을 살펴보면, 종종 예측할 수 없고 권위적인 부모 밑에서 자란 경우가 많습니다. 집안 분위기가 부모의 기분에 따라 하루에도 여러 번 바뀌는 불안정한 환경에서 살아온 사람들은 타인의 표정을 살피는 것이 생존의 기본 원칙이 되고 맙니다.

"네가 그런 식으로 말하면 아빠가 화낸다, 엄마 기분 나쁘게 하지 마라"와 같은 말을 들으며 성장한 아이들은 자연스레 자신이 무엇을 느끼는지보다는 상대방의 감정부터 신경 쓰게 됩니다. 또 어린 시절 부터 "너는 왜 그렇게 못났니? 또 실수했어?" 같은 부정적인 평가를 반복적으로 듣다 보면, 잘하고 싶은 욕구보다 잘못하지 않으려는 욕구가 강해집니다. '잘하자'가 아니라 '잘못하지 말자, 혼나지 말자'가 인생의 목표가 되고 맙니다.

이 경험은 성인이 되어서도 고스란히 남아 있습니다. 마음속에 떠오르는 의견을 당당히 이야기하기보다 안전한 침묵을 택하게 되지요. 가족 모임에서 아버지가 자신과 정반대의 정치적 의견을 이야기해도, "아, 예" 하며 적당히 고개를 끄덕일 뿐입니다. 심지어 솔직하게 자신의 정치적인 견해를 피력했다가 빰을 맞은 경험까지 있는 사람이라면, 입을 다물고 말을 아끼는 것이 더 익숙할 수밖에 없습니다.

반대로 감정을 잘 다루고 소통할 줄 아는 사람은 전혀 다른 방식으로 이야기합니다. "아버지 세대와 우리 세대는 보는 관점이 다른가 봐요. 아버지가 그렇게 생각하시는 이유가 궁금해요"라고 말하면서도, 의견 차이가 관계의 균열을 의미하지 않는다는 것을 알고 있습니다.

이들의 대화 방식에는 공통점이 있습니다. 바로 일과 사람을 명확히 구분하여 표현한다는 것입니다. 이들은 상대를 향해 "그 생각은 틀렸어요"라고 공격하지 않고, "이 아이디어는 제 생각과는 조금 다른 것 같아요"라고 부드럽게 표현합니다. 또 기대에 못 미치는 결과를 두고도 "조금 아쉽네요. 어디서부터 다시 시작해보면 좋을까요?"라며 실패 앞에서도 방법을 찾아갑니다. 이렇게 감정을 섬세하게 다룰 줄 아는 사람들은 갈등 상황에서도 대화를 유연하게 풀어나갑니다.

대화 주도권을 만드는
감정의 스펙트럼

왜 우리는 감정을 잘 다루는 사람에게 끌릴까요? 그 이유는 아마도 그들 곁에서 느껴지는 예측 가능한 안정감 때문일 것입니다. 감정 조절이 잘 안되는 사람과 함께 있을 때는 상대가 언제, 무엇에 분노할지 몰라 늘 긴장하게 됩니다. 하지만 감정을 섬세하게 다룰 줄 아는 사람과는 어려운 주제도 부담 없이 편하게 이야기를 나눌 수 있습니다.

더 중요한 점은 이런 사람들은 갈등을 성장의 기회로 바꾼다는 것입니다. 부부 관계를 예로 들어볼까요. 문제를 잘 해결하는 부부는 "우리는 왜 이렇게 생각이 다를까? 서로 이야기를 나눠보자"라고 접근합니다. 하지만 감정 조절이 어려운 부부는 쉽게 "당신은 항상 그런 식이야"라며 상대를 탓하거나 "내가 다 잘못했다" 는 식으로 극단적으로 반응합니다.

직장에서도 마찬가지입니다. 프로젝트 결과가 예상과 달랐을 때 감정적으로 대응하는 팀장은 팀원들의 창의성을 위축시킵니다. 하지만 차분하게 "결과가 예상과는 다르게 나왔네요. 원인을 하나씩 짚어봅시다"라고 말하는 팀장은 오히려 팀의 결속력을 단단하게 만들어줍니다.

이런 차이는 감정 조절의 '스펙트럼'에서 드러납니다. 어떤 사람은 감정 표현을 극단적으로 '참거나 폭발하거나' 둘 중 하나로만 생각합니다. '모 아니면 도'라는 두 가지 선택지만 존재합니다. 반면 감정을 다룰 줄 아는 사람들은 상황에 따라 '개, 걸, 윷' 같은 다양한 표현 강도를 사용합니다. 즉, 적절한 감정 표현의 수준을 알고 있다는 것입니다.

여기서 중요한 건 자기 성찰입니다. 나는 언제 불편한 대화를 회피하는지, 언제 용기 있게 마주하는지 돌아봐야 합니다. 그리고 내가 피하는 그 '불편한 대화'가 진짜 불편한 것인지, 아니면 불편할 거라고 미리 짐작하고 있는 것은 아닌지 스스로 물어봐야 합니다.

이런 성찰을 통해 많은 사람이 모든 불편한 상황을 어렵게 느끼는 이유를 깨닫게 됩니다. 그것은 자기만의 명확한 기준과 삶의 철학이 없기 때문입니다. 온라인에서 의미 없는 악성 댓글은 가볍게 무시할 수 있는 쿨한 마음이 필요하지만, 오히려 귀담아들어야 할 건설적인 비판마저도 악플과 똑같이 여겨 회피해버리곤 합니다. 이렇게 되면 법적으로 대응해야 할 명백한 악의와 업무상 필요한 조언 사이의 경계를 구분할 수 없게 됩니다.

대화에서의 진정한 힘은 화려한 말솜씨나 완벽한 논리가 아니라 감정의 폭풍 속에서도 중심을 잡는 능력에서 비롯됩니다. 많은 사람이 불편한 대화를 피하는 것을 배려라고 생각하지만, 진정한 배려는 때때로 불편한 진실을 용기 있게 나누는 데서 나옵니다.

감정을 다룬다는 건 감정을 억누르거나 없애는 것이 아닙니다. 감정을 있는 그대로 인정하되 그에 끌려다니지 않는 것입니다. 불편한 상황을 견디면서도, 그 안에서 관계를 소중히 지켜나가는 것입니다.

관계를 오래가게 하는
말의 태도

넷플릭스 〈흑백요리사〉에서 비교적 초반에 탈락한 여경래 셰프가 백종원의 유튜브에 나와 이런 취지의 말을 했습니다. 사람들은 누가 이기고 졌는지는 금방 잊는다, 남는 건 실력과 태도뿐이라고. 이 말이 참 놀라울 정도로 정확하게 와닿았습니다. 실제로 시청자들은 우승자가 누구였는지보다, 참가자들이 어떤 태도로 요리에 임했는지 더 또렷이 기억하곤 했으니까요.

방송에서만 일어나는 일이 아닙니다. 우리의 평범한 일상에서도 똑같이 나타납니다. 사람들은 당신이 어떤 말을 했는지보다, 어떤 태도로 말했는지를 더 오래 기억합니다. 말의 태도는 사람과 사람 사이의 관계를 결정짓는 중요한 열쇠입니다.

또 다른 〈흑백요리사〉 출연자인 '철가방 요리사' 임태훈 셰프의 이야기도 떠오릅니다. 그는 보육원에서 어린 시절을 보내고, 귀금속 공장과 식당을 전전하다 중식당 배달부로 들어가 독학으로 요리를 익힌 사람이었습니다. 그런 그가 중식의 거장 여경래 셰프를 상대로 승리한 직후 보여준 태도는 많은 이들의 마음을 울렸습니다.

임태훈 셰프는 대결 전에도, 이긴 후에도 여경래 셰프에게 큰절을 올렸습니다. 나중에 "절대 이긴 게 아니다"라고 했을 만큼, 끝까지 대선배에 대한 존경을 잃지 않았습니다. 그의 말은 투박했지만, 그 안에는 따스하고 겸손한 진심이 묻어 있었던 것이지요. 앞에서 이야기한 습관적 자기 비하와는 다릅니다. 자기 실력을 충분히 아는 사람이 상대를 높이는 것, 그것이 진짜 겸손입니다.

비슷한 일들은 우리 일상에서 수없이 반복됩니다. 회사의 회의를 생각해볼까요? 똑같이 반대 의견을 제시하더라도, "그 아이디어는 좀 별로인 것 같은데요"라고 하는 사람과, "제 생각에는 다른 방법이 더 좋을 것 같습니다. 혹시 한번 들어봐주시겠어요?"라고 하는 사람은 완전히 다른 결과를 만들어냅니다. 전자는 듣는 이의 마음에 거부감을 일으키지만, 후자는 오히려 상대방의 관심과 호감을 얻어냅니다.

가족 간의 대화에서도 마찬가지입니다. 자녀가 실수를 했을 때 "너

또 그랬니? 맨날 그러지 말라고 했잖아"라고 하는 말과, "아, 실수했구나? 괜찮아, 다음엔 어떻게 하면 좋을까?"라는 말은 아이에게 전혀 다른 영향을 미칩니다. 첫 번째 말은 관계에 상처를 내지만, 두 번째 말은 신뢰를 쌓아줍니다.

사람들은 무의식적으로 말 뒤에 숨은 진심을 읽어내려 합니다. 상대가 나를 진심으로 존중하는지, 아니면 형식적으로 대하는지를 말투와 표정에서 본능적으로 느끼게 됩니다. 아무리 예쁘게 포장하려고 해도 마음속의 진심은 드러나게 마련입니다. 상대방을 무시하는 마음, 자기 의견만 고집하려는 마음, 진심 없이 형식적으로만 대하는 마음은 말과 행동에 반드시 나타납니다. 이것이 바로 관계에서 말의 진정성이 중요한 이유입니다.

진짜 시험은
어려울 때와 잘나갈 때

관계에서 진짜 중요한 시험은 두 가지 극단적인 순간에 찾아옵니다. 한쪽은 모든 게 어려울 때이고, 다른 한쪽은 모든 것이 순조롭게 잘 풀릴 때입니다.

먼저 어려움을 마주한 순간을 생각해볼까요. 갈등이 생기거나 실망스러운 일이 닥쳤을 때, 몸도 마음도 지쳐버렸을 때 나오는 말투는 그 사람의 깊은 내면을 그대로 보여줍니다. 부부가 의견 차이로 다투다가도 "솔직히 화가 나긴 하지만, 당신이 나쁜 마음에서 그런 게 아니라는 건 알아"라고 말할 수 있는 사람이 있습니다. 또 직장에서 예상치 못한 문제가 생겼을 때도 "일단 차근차근 상황을 정리해보자"며 침착함을 유지하는 이들이 있습니다.

이렇게 힘든 순간의 태도는 특히 더 중요합니다. 스트레스를 받는 순간에야말로 그 사람의 가장 진실한 모습이 드러나기 때문이죠. 평소에는 누구보다 다정했던 사람이 갑자기 급한 상황에서 "빨리 좀 하라고!"라며 다그치는 모습을 보이면, 우리는 그 사람의 숨겨진 속내를 마주하게 됩니다. 반대로, 아무리 어려운 순간에도 "고생 많네, 함께 잘 해결해보자"고 말해주는 사람에게는 시간이 흐를수록 더 깊은 신뢰가 쌓입니다.

하지만 더 결정적인 시험은 잘될 때의 태도입니다. 승진을 했을 때 후배들을 어떻게 대하는지, 성과를 인정받았을 때 동료들에게 어떻게 말하는지, 모든 일이 순조로울 때도 변하지 않고 지켜내는 기본적인 예의와 겸손함이 관계의 진정한 가치를 결정합니다. "덕분에 여기까지 올 수 있었어, 고마워"라고 진심을 담아 말할 줄 아는 사람과 그렇지 않은 사람 사이의 차이는 점점 벌어지기 마련입니다.

한국 사회의 체면 문화는 이런 상황에서 흥미로운 현상을 만들어냅니다. 성공 앞에서 겸손을 지키는 것이 미덕이라고 생각하면서도,

마음 한구석에는 자신의 성취를 알아봐주길 바라는 이중적인 심리가 숨겨져 있습니다. "별거 아니에요"라면서도 자랑하고 싶은 미묘한 뉘앙스, "운이 좋았을 뿐이죠"라며 자신의 능력을 인정받고 싶은 복잡한 속마음이 드러나곤 합니다.

사람들은 말 속에 숨은 진심의 온도를 섬세하게 느낍니다. "팀원들이 잘해줘서 가능했던 일이죠"라고 진심을 담아 말하는 사람과, 속으로는 "내가 다 한 건데"라고 생각하며 겉으로만 겸손한 척하는 사람의 차이는, 말 속의 미묘한 떨림을 통해 드러납니다.

말이 마음을 만드는 순간들

말에서 드러나는 태도는 그 사람의 내면이 고스란히 담겨 나옵니다. 상대를 존중하고 관계를 소중히 여기는 마음이 없다면 아무리 말을 꾸미고 기교를 부려도, 그 어색함이 숨겨지지 않습니다. 그러나 진심으로 상대를 아끼는 마음이 있다면 서툰 표현 하나에도 따뜻한 진심이 배어나기 마련입니다.

더욱 흥미로운 것은 마음이 말을 만들기도 하지만, 우리가 의식적으로 사용하는 말이 다시 우리의 마음을 만들어간다는 사실입니다. 상대방을 배려하는 말을 습관적으로 하다 보면, 어느새 실제로 그 사람을 깊이 이해하고 애정 어린 마음이 자라납니다. 감사의 말을 자주 건네는 사람은 정말로 삶 속에서 더 많은 감사함을 느끼게 되고, 격려를 일상화하는 사람은 자연스럽게 타인의 잠재력과 가능성을 발견하게 됩니다.

이렇게 말과 마음 사이에는 끊임없이 돌아가는 아름다운 순환이 있습니다. 좋은 마음이 좋은 말을 낳고, 다시 그 좋은 말이 우리의 마음을 더 따뜻하게 만드는 것이지요.

우리에게 익숙한 한국의 '정' 문화도 순환고리를 잘 보여줍니다. '미운 정 고운 정'이라는 표현처럼 한국인의 정서는 때로는 쉽게 끊어지지 않는 끈적끈적한 끈이 되어 관계를 지속시키기도 합니다. 물론 "좋은 게 좋은 거지"라며 갈등을 덮어버리고 진심 어린 소통을 미루는 부정적인 면도 있습니다. 친구 사이에서도 종종 "우리 사이에 그런 걸 뭘 따져"라며 불편한 문제를 흐지부지 넘기곤 하지요.

그러나 이렇게 정 문화가 가진 긍정적인 면도 놓칠 수 없습니다. 가벼운 "밥 먹었어?"라는 인사도 반복되다 보면 어느새 서로에 대한 진심 어린 관심과 애정으로 깊어지곤 합니다. 형식적이었던 관계가 진정한 마음의 교류로 발전합니다. 정(情)이 가진 이런 이중성을 제대로 바라보고, 진짜 관심과 형식적인 예의를 구분할 줄 아는 섬세한 안목이 필요합니다.

매일 아침 가족에게 "좋은 하루 보내"라는 작은 인사를 건네보세요.

처음엔 그저 형식적일 수 있겠지만 시간이 지나면서 자연스럽게 진심으로 가족의 하루를 응원하는 마음이 자라납니다. 동료에게도 "수고 많았어"라는 말을 자주 하다 보면, 그의 노고와 마음을 더욱 잘 들여다보고 감사함을 느끼게 됩니다.

사람들은 승패가 아니라 태도를 기억합니다. 완벽한 말솜씨가 아니어도 됩니다. 조금 투박하더라도 진심을 담은 말이 마음을 움직입니다.

비난 대신 책임을 택하는
어른의 문장력

어떤 사람이 입을 열면 묘한 울림이 있습니다. 나이가 많지 않아도, 특별히 화려한 단어를 쓰지 않아도, 그의 말에는 저절로 귀를 기울이게 되는 힘이 있지요. 반면 나이가 들어도 여전히 감정의 소용돌이에 휘말려 주위를 불편하게 만드는 사람도 있습니다. 이 차이는 과연 어디서 올까요?

진정한 어른스러움이란 결코 나이나 사회적 지위에서 나오지 않습니다. 그것은 내면의 깊은 성숙도가 언어로 표현되는 것입니다. 같은 상황에서도 누군가의 말은 주변에 평온함을 가져다주지만, 다른 이의 말은 긴장감을 만들어내곤 합니다. 이런 미묘한 차이 덕분에 우리는 '진짜 어른'과 '겉만 어른'인 사람을 구분할 수 있습니다.

겉만 어른인 사람들의
말 습관

우리 주변에서 자주 발견하는 미성숙한 언어 습관들이 있습니다. 가만히 살펴보면 때로는 우리 자신의 모습이기도 합니다.

흔히 볼 수 있는 것은 자기중심적 반응입니다. 자녀가 "엄마, 요즘 너무 바빠서 죽겠어"라고 호소하면 "나도 바빠. 너만 바쁜 줄 알아?"라고 바로 되받아치는 부모들이 있습니다. 회사 일로 잦은 외근을 하느라 몸살기가 있어 출근하기 싫다고 투정하는 자식에게 "내가 더 아파. 너도 나이 들어봐"라고 말하는 것도 마찬가지입니다. 자신의 경험이 세상의 전부라고 여기는 착각이 이런 반응을 만들어냅니다.

더 심각한 것은 일방적으로 감정을 쏟아내는 습관입니다. 매일 딸에게 전화를 걸어 "아버지가 또 그러더라, 시어머니가 뭐라 하더라"며 남편 욕, 시댁 욕을 한바탕 늘어놓고, 오늘 시장에서 뭘 샀는지, 옆집 누가 어쨌는지까지 사소한 일거수일투족을 끝없이 쏟아내는 어머니들이 있습니다. 또 남자친구와 헤어진 후 친구들을 만날 때마다 똑같은 하소연을 반복하고, 그것도 모자라 퇴근해서 지쳐 있는 친구에게 매일 전화를 걸어 자신이 얼마나 힘든지 자신이 인생이 얼마나 불행한지 늘어놓는 사람도 있지요. 이들은 자신의 감정을 쏟아내는 것을 '대화'라고 착각합니다. 상대방이 어떤 기분일지, 어떤 상황일지는 조금도 고려하지 않는 소통 방식이죠.

이런 패턴은 가정에서도 자주 나타납니다. 회사에서 힘든 일을 겪은 날이면 집에 와서 "왜 이렇게 시끄럽냐"며 가족에게 짜증을 내거나, 과거의 잘못까지 끄집어내며 배우자를 탓합니다. 밖에서는 친절한 얼굴을 하면서도 가장 가까운 이들에게는 날것 그대로의 감정을 쏟아내는 겁니다.

특히 한국 사회에서 자주 목격되는 미성숙한 언어 습관은 권위를 내세우는 방식으로 나타나기도 합니다. 논리적으로 불리해지면 "너 몇 살이야?"라는 말을 꺼내며 나이를 무기 삼고, 논박을 당하면 "너는 에미애비도 없냐?"며 윗사람의 위치를 이용해 상대를 누릅니다. 정작 중요한 것은 무엇이 옳고 그른지, 어떤 것이 더 합리적인지 판단하는 것인데, 나이나 서열로 상대를 찍어 누르려고만 합니다.

흥미로운 점은, 이런 사람일수록 자신보다 높은 권위 앞에서는 한없이 작아진다는 것입니다. 권위를 내세우거나, 권위에 쉽게 굴복하는 것은 모두 같은 미성숙의 두 얼굴에 불과합니다.

성숙한 마음이 빚어내는
언어의 깊이

그렇다면 어른스럽게 말하는 사람들은 어떤 마음의 깊이를 지닌 것일까요? 발달심리학자 제인 로에빙거(Jane Loevinger)는 자아 발달(ego development) 이론에서 내면의 성숙은 단계를 밟아 깊어진다고 이야기합니다. 내면이 깊고 단단한 사람일수록 자신의 감정을 여유롭게 관찰할 수 있습니다. "지금 내가 화가 났구나"라며 스스로의 마음을 담담히 인정하는 것입니다.

성숙한 이들은 세상이 결코 단순하지 않다는 사실을 받아들입니다. "저 사람은 나쁜 사람이다" 혹은 "이것은 절대적으로 옳다" 같은 흑백 논리에 갇히지 않고, "상황이 참 복잡하구나, 다양한 면이 존재할 수 있겠구나"라고 생각할 수 있습니다. 이런 여유로운 마음가짐은 자연스럽게 말하는 태도에도 묻어나옵니다.

첫 번째는 자기 감정을 인식하는 데서 비롯된 '한 박자 쉬어가는' 여유입니다. 감정이 갑자기 격해지는 상황에서도 "잠깐만, 내가 지금 조금 흥분한 것 같아. 잠시 마음을 가라앉힐 시간을 줄래?" 하고 솔직히 말할 수 있습니다.

예를 들어 회사에서 후배가 실수를 저질렀을 때 즉각적으로 "너 대체 뭐하는 거야!"라고 비난을 퍼붓는 대신, "지금 상황이 당황스럽긴 한데, 어떻게 된 일인지 차근차근 이야기해볼까?" 하고 부드럽게 말을 건넵니다. 가정에서도 마찬가지입니다. 아이가 말을 안 들을 때 "정말 속 터져!"라고 소리치는 대신 "엄마가 지금 좀 화가 났어. 잠깐 마음을 가라앉히고 이야기하자"라고 할 수 있습니다.

두 번째는 서로 주고받는 대화를 이끄는 질문의 힘입니다. 상대방을 평가하거나 판단하는 말 대신, "그렇게 말하는 데는 이유가 있을 것 같은데, 어떤 생각인지 들려줄래?"라며 상대의 입장을 함께 이해하고자 하는 태도를 보입니다.

안타깝게도 우리는 이런 상호 존중의 대화 방식에 익숙하지 않습니다. 어려서부터 "어른 말에 토 달지 마라, 눈을 똑바로 뜨고 어딜 대드냐, 버릇없이 굴지 마라" 같은 말을 자주 듣고 자랐습니다. 학교에서도 선생님이 말씀하면 학생은 가만히 듣는 것이 당연한 분위기 속에서 자라왔지요. 특히 한국 사회의 수직적인 문화 속에서는 아랫사람과 윗사람이 자유롭게 의견을 나누며 존중하는 분위기를 형성하기가 더욱 어렵습니다.

세 번째는 단호함과 존중을 균형 있게 표현하는 말의 깊이입니다. "내가 이번 결정에는 동의하기 좀 어렵지만, 네 의견은 충분히 이해해"라고 말할 수 있는 능력이지요. 갈등 상황에서 이런 균형 잡힌 태도를 유지하는 데는 상당한 내적 성숙이 필요합니다.

오랜 시간 굳어진 우리 사회의 일방향적 소통 구조는 갈등 상황에서 권위를 앞세우거나, 상대의 기분을 맞추기 위해 자기 의견을 억누르는 이분법적 태도를 고착시켰습니다. 직장에서 상사가 부하 직원에게 "그냥 내가 시키는 대로 해. 괜히 쓸데없는 짓 하지 마"라고 말하는 것과 "네 의견도 한번 말해봐"라고 말하는 것 사이에는 엄청난 차이가 있습니다. 후자의 태도를 보일 때 부하 직원은 방어적이지 않고 열린 마음으로 소통할 가능성이 훨씬 높아집니다.

한국 사회의 위계적 문화를 하루아침에 무너뜨릴 수는 없겠지요. 하지만 그 속에서도 성숙하고 따뜻한 소통의 길은 분명히 있습니다. 부모님의 지나친 간섭에 대하여 "어머니, 저를 걱정해주시는 마음은 정말 고마워요. 하지만 이번에는 제가 직접 경험해보고 싶어요"라고 말할 수 있는 것처럼, 존중의 마음을 담아 자신의 뜻을 표현할 수 있습니다.

이런 태도는 부부 관계에서도 마찬가지입니다. 서로의 지난 잘못을 들추어 비난하기보다는 "이 문제를 어떻게 함께 풀 수 있을까? 같이 고민해보자"라고 말하며, 앞으로 나아가는 대화를 선택할 수 있습니다. "당신이 그때 그렇게 하지 않았다면 좋았을 텐데"라는 후회의 말 대신 "앞으로는 이런 상황에서 어떻게 하면 좋을까?"라고 미래를 향한 질문을 던지는 것입니다.

미성숙한 사람은 타인을 자기감정 해소의 도구로 여기거나, 자신의 우월감을 증명하는 수단으로 이용하기도 합니다. 때로는 자신의 소유물처럼, 자신이 부리는 사람처럼 대하기도 합니다. 나는 위고 상대방은 아래라는 명확한 서열 의식을 깔고 관계에 임합니다.

반면 진짜 어른스러운 사람은 상대가 나와 똑같이 복잡하고 소중한 존재임을 깊이 이해합니다. 성숙한 사람은 나이를 내세우지 않아도 자연스럽게 존중받고, 권위를 억지로 세우지 않아도 신뢰를 얻습니다. 목소리를 높이지 않아도 사람들이 귀를 기울이는 이유는, 그들의 말 속에 삶의 깊이와 따뜻한 성찰이 담겨 있으며 상대를 향한 진정한 관심이 느껴지기 때문입니다.

어른스러운 말하기란 특별한 화술이나 기술이 아닙니다. 그것은 마음의 성숙함이 자연스럽게 언어로 드러나는 현상일 뿐입니다. 자신의 감정을 충분히 이해하고 조절할 줄 알며, 타인을 진정으로 배려할 줄 아는 내면의 여유에서 흘러나오는 언어입니다.

말의 힘은 결국
'마음의 힘'에서 온다

노벨문학상을 수상한 한강 작가의 인터뷰를 보면, 한강 작가의 고요한 목소리가 늘 인상적입니다. 어떤 질문에도 쉽게 흔들리지 않는 차분한 음성이 듣는 사람의 귀를 잡아끕니다.

왜 조용한 목소리가 더 깊이 사람들의 마음을 끌어당길까요? 한강 작가는 "언어는 우리를 잇는 실"이라고 했습니다. 언어를 단지 정보를 전하는 수단으로 여기지 않고, 마음과 마음을 묶는 연결고리로 바라보면, 말이 품고 있는 진짜 힘이 어디서 오는지 알 수 있습니다. 같은 말이라도, 말하는 이의 마음 상태에 따라 전혀 다른 울림을 만듭니다.

얼마 전, 한 IT 회사에서 열린 회의를 지켜본 적이 있습니다. 프로젝트 지연 사유를 보고하는 두 팀장의 모습은 서로 달랐습니다.

김 팀장은 무려 30분 동안 꼼꼼한 자료와 함께 지연된 이유를 상세히 설명했습니다. "외부의 요인과 예측할 수 없던 변수들이 많았지만, 추가 자원을 투입해 충분히 만회할 수 있습니다." 말투는 논리적이고 빈틈없어 보였지만, 듣는 사람들의 표정은 시간이 지날수록 점점 굳어졌습니다.

그다음 박 팀장은 짧고 간결하게 말했습니다. "제가 처음 계획을 너무 낙관적으로 잡았습니다. 팀원들과 상의해서 현실적인 일정을 다시 마련해보겠습니다." 5분도 되지 않은 짧은 발언이었지만, 회의실 분위기가 확연히 달라졌습니다.

김 팀장의 완벽한 설명 뒤에는 '책임을 피하고 싶다'는 불안이 살며시 숨어 있었습니다. 하지만 박 팀장은 자신의 실수를 인정하는 용기와 함께 '다시 해보겠다'는 조용한 확신을 보여주었습니다.

확신과 불안 사이의
언어 차이

인본주의 심리학자 칼 로저스(Carl Rogers)는 이를 '일치성(congruence)'이라는 개념으로 설명했습니다. 일치성은 내가 스스로를 어떤 사람이라고 느끼는 것과 실제로 경험하고 표현하는 것이 자연스럽게 맞아떨어지는 상태입니다. 화가 났을 때 솔직히 화났다고 표현하거나, 기쁠 때는 그 기쁨을 그대로 드러내는 것입니다.

이 일치성은 우리 뇌가 상대를 어떻게 이해하는지와도 밀접히 연결됩니다. 뇌에 있는 거울 뉴런은 상대방의 감정과 의도를 본능적으로 읽어냅니다. 그래서 마주 보는 사람이 웃으면 나도 따라 웃고, 상대가 불안하면 나도 모르게 마음이 불편해집니다. 이런 이유로 우리는 말하는 이의 진심을 본능적으로 알아차립니다.

일상에서도 자주 경험하는 일입니다. 아이가 "엄마, 학교 정말 재미있었어!"라고 이야기할 때, 그 말의 진심을 금세 눈치챕니다. 정말 즐거워서인지 아니면 엄마를 걱정시키지 않으려고 하는 말인지, 아이의 표정과 목소리, 작은 몸짓에서 진짜 마음이 그대로 드러나기 때문입니다.

마음의 상태에 따라 드러나는 말투를 자세히 살펴보면 흥미로운 차이를 발견할 수 있습니다. 우리가 사용하는 말은 마음 상태를 그대로 반영합니다. 마음이 불안할 때는 말이 필요 이상으로 길어지면서 "음, 그러니까 여러 상황을 종합해보면…"처럼 자신을 방어하기 위한 설명이 늘어나게 됩니다. 동시에 "절대로, 반드시, 무조건"과 같이 절대적인 표현이 많아지고, 상대방의 말에 대해 "그런 뜻이 아니었는데요"라며 방어적인 반응이 잦아집니다.

반면에 확신이 있을 때는 언어가 달라집니다. "그렇게 하겠습니다"처럼 말이 군더더기 없이 간결해집니다. 모든 것을 아는 척하기보다는 "이 부분은 제가 잘 모르겠습니다"라며 자신의 한계를 솔직하게 인정하는 여유를 보입니다. 그리고 대화를 독점하기보다 "당신은 어떻게 생각하세요?"와 같이 질문을 통해 대화를 열어 상대를 존중하고 함께 나아가려는 태도를 취하게 됩니다.

확신을 가진 사람은 자신의 부족함이나 실수를 숨기지 않습니다. "제가 놓친 부분이 있었네요"라는 말을 자연스럽게 꺼낼 수 있는 여유가 있습니다. 이런 솔직함이 더 큰 신뢰로 돌아오게 되는 것이지요.

디지털 시대, 진정성의 새로운 의미

오늘날의 사회에서 말의 권위는 빠르게 달라지고 있습니다. 예전에는 나이나 지위가 말의 무게를 결정지었지만, 이제는 그 자리를 진정성이 차지했습니다.

특히 얼굴도 목소리도 들리지 않는 디지털 세상에서는 진정성의 힘이 더욱 두드러집니다. 온라인에서는 어떤 글은 사람들의 마음을 움직이고, 어떤 글은 가볍게 스쳐 지나갑니다. 소셜미디어에서도 화려한 포장이나 과장된 표현보다 진솔한 이야기가 사람들의 마음을 더 크게 울립니다. 똑같은 "수고하셨습니다"라는 댓글이라도 형식적으로 쓴 글과 진심을 담아 쓴 글은 온도부터 다르게 느껴지지요.

이런 일치성은 디지털 공간에서도 큰 힘을 발휘합니다. "오늘 많이 힘들었지만, 내일은 더 나아질 거예요"라는 글과 "매일이 행복해요!" 라는 글 중 어떤 글이 우리의 마음을 더 깊이 건드릴까요? 대부분 전자를 선택합니다. 어려움을 인정하되 희망을 잃지 않는 진솔함이 마음 깊은 곳을 건드리기 때문입니다.

이런 변화는 가족 관계에서도 나타납니다. 성적표를 받아와 풀이 죽은 아이에게 "공부 좀 제대로 해라"라고 윽박지르는 대신, "많이 속상했겠구나. 어떤 과목이 제일 어려웠어?"라고 물어주는 부모들이 많아졌습니다. 이 말을 들은 아이는 자신의 감정이 존중받는다고 느끼며 조심스레 마음의 문을 열기 시작합니다.

한강 작가는 한 인터뷰에서 자신에게 소설 쓰기란 '생각하고 서성이고 고민하고 길을 잃고 되돌아오는' 과정 그 자체라고 말한 적이 있습니다. 이 말 속엔 진정한 언어의 힘이 완벽함에서 오는 것이 아니라, 삶을 살아가는 동안 마주하는 정직한 흔들림과 진지한 성찰에서 비롯된다는 깊은 울림이 담겨 있습니다.

흥미로운 사실은 우리의 마음 상태가 사용하는 언어를 결정짓기도 하지만, 반대로 우리가 의식적으로 선택한 언어가 다시 마음의 상태를 변화시키기도 한다는 점입니다. 뇌에는 경험에 따라 신경 연결이 바뀌는 성질이 있는데, 뇌과학에서는 이를 신경가소성(neuroplasticity)이라고 부릅니다. 매일 입에 올리는 말도 예외가 아닙니다.

"문제가 많네"라는 표현과 "해결할 과제가 많네"라는 표현은 언뜻 보면 같은 상황을 다르게 말한 것뿐입니다. 하지만 뇌가 받아들이는 방식은 전혀 다릅니다. 전자는 우리의 뇌를 긴장시키며 방어적인 모드로 이끌지만, 후자는 해결책을 찾고 싶도록 우리의 뇌를 움직입니다.

˅

상처 주지 않으면서
나를 지키는 법

"죄송하지만, 저는 주말에 미리 예약해둔 일정이 있어서 출근하기 어려울 것 같습니다."

이 짧은 문장을 입 밖에 내뱉기까지 우리는 갈림길에 서 있는 듯한 마음을 느낍니다. 한국의 직장 문화에서 상사의 갑작스러운 주말 근무 요청은 단순한 업무 지시를 넘어, 마치 "팀을 위해 희생할 준비가 되어 있나? 조직에 얼마나 충성하느냐?"라는 무언의 테스트처럼 느껴지기 때문입니다. 회의실 한구석에 앉아 우리 마음속에서는 수많은 생각들이 서로 엉키며 다툽니다. "그냥 알겠다고 할까? 승진이나 인사 평가에 영향을 줄 수도 있는데… 아니야, 솔직히 어렵다고 말해야 해. 하지만 상사의 기분을 상하게 하면 어쩌지?"

더 난감한 것은 이런 상황이 비단 직장에만 국한되지 않는다는 점입니다. 가족 모임에서 "이번 생신 준비는 네가 맡아서 하렴", 친구들 사이에서 "이번에는 네가 술값 좀 내", 연인 사이에서 "내 말이 맞으니까 네가 좀 양보해" 같은 상황이 끝없이 반복됩니다.

이런 고민이 자꾸만 우리를 찾아오는 이유는 무엇일까요? 우리가 '예의 바른 포기'와 '무례한 고집' 사이에서만 선택해야 한다고 여기기 때문입니다. 그러나 사실은 우리가 몰랐던 제3의 길이 존재합니다. 그것은 바로 '무례하지 않은 단호함'입니다.

단호함과 무례함, 한 끗 차이의 함정

많은 사람이 단호하게 말하는 것과 무례하게 말하는 것을 구분하는 데 어려움을 겪습니다. 특히 한국 사회에서는 "목소리를 높이지 않고 예의 바르게 말해야 한다"는 무언의 압박이 강해서 이 경계가 더욱 모호해지곤 합니다. 우리는 극단적인 선택의 양 끝 사이에서 망설이게 됩니다. 단호하게 말했다가 무례한 사람이 되느니, 차라리 참는 쪽을 택하는 것입니다.

그런데 단호함이 정말 무례함과 같은 것일까요? 이 둘의 차이를 가장 극적으로 보여주는 인물이 있습니다. 유명 셰프 고든 램지입니다. 우리가 그에게서 주목해야 할 점은 그의 긍정적 측면이 아니라, 오히려 그가 종종 보여주는 '단호하지만 무례한' 태도가 어떤 결과를 낳는지입니다. 그리고 왜 한국 사회에서는 이런 태도가 더욱 큰 문제가 될 수 있는지 살펴볼 필요가 있습니다.

고든 램지는 〈헬스 키친(Hell's Kitchen)〉에서 참가자들에게 거침없는 표현을 쏟아냅니다. 그는 "You're so in denial, you need therapy!(너는 현실을 너무 부정해서 치료가 필요해!)"라고 소리치거나, "You give me them anemic bits of shit, I'll fucking throw them up your ass sideways(이런 빈혈 걸린 똥덩어리 같은 걸 가져다주면, 네 엉덩이에 옆으로 박아넣을 거야)"라는 식의 극단적이고 모욕적인 말을 서슴지 않습니다. 분명 그의 기준과 메시지는 뚜렷하고 명료합니다. 그러나 우리가 주목해야 할 것은 그가 높이는 목소리의 크기가 아닙니다. 그의 언어 속에 담긴 인격 모독이 상대방의 존재감을 무너뜨릴 수 있다는 점입니다.

더 큰 문제는 이런 공격적인 소통 방식이 장기적으로 미치는 영향입니다. 실제로 그의 다른 프로그램인 〈키친 나이트메어(Kitchen Nightmares)〉에 나왔던 식당 중 상당수가 결국 문을 닫았습니다. 물론 경영난이나 경기침체 등 여러 요인이 겹친 결과이겠지만, 공격적인 소통만으로 사람을 바꾸기는 어렵다는 점만은 분명해 보입니다. 심지어 고든 램지 자신도 과거 자신의 발언이 지나쳤음을 인정한 적이 있습니다.

특히 한국 사회에서는 이런 소통 방식이 더욱 심각한 문제를 일으킬 수 있습니다. 서구에서는 어느 정도 직접적인 표현을 용인하지만,

한국의 문화에서는 공개적인 모욕이 그 사람의 사회적 존재감을 근본부터 흔들 수 있습니다. 이는 단순한 문화적 차이를 넘어, 관계 중심적인 한국 사회에서는 개인의 정체성이 형성되는 방식과 깊이 연결됩니다. 직장 상사가 공개적으로 직원을 모욕한다면, 그 직원은 단순히 불쾌감을 느끼는 것을 넘어서 조직 내에서의 입지 자체가 불안정해질 수 있습니다.

반면 긍정적이고 건설적인 단호함도 있습니다. 한 젊은 직장인의 이야기입니다. 그는 늘 야근 요청에 "네, 하겠습니다"라고 수긍하다 번아웃을 겪게 되었습니다. 그러던 어느 날 용기를 내어 과장에게 이렇게 말했습니다. "과장님, 죄송한데 오늘은 이미 잡힌 일정이 있어서 어렵습니다. 대신 내일 아침 일찍 와서 처리하면 안 될까요?" 놀랍게도 과장은 흔쾌히 "그래, 그렇게 하자"라고 답했습니다.

이 사례의 핵심은 젊은 직장인이 보여준 '존중적 단호함'입니다. 이는 상대의 입장을 충분히 인정하면서도, 자신의 상황을 솔직하고 명확하게 전달하고 문제를 해결하기 위한 대안을 함께 제시하는 방식입니다. 분명하게 자신의 경계를 유지하면서도 관계를 이어나가는 방법이지요.

관계를 살리는
존중적 단호함

고든 램지의 소통 방식에서 우리가 배울 수 있는 교훈은 명료합니다. 물론 단호함이란 분명 필요합니다. 그러나 그 단호함이 상대의 자존감을 무너뜨리거나 인격을 깎아내리는 순간, 관계는 쉽게 균열이 가기 마련입니다. 진정한 단호함의 목적은 상대를 압도하거나 굴복시키는 데 있는 것이 아니라, 함께 문제를 풀어나가며 관계를 성장시키는 데 있습니다. 그렇기에 우리에겐 고든 램지와는 다른, 좀 더 현명하고 따뜻한 접근이 필요합니다.

비폭력 대화의 창시자인 마셜 로젠버그(Marshall B. Rosenberg)는 관계를 지키는 소통법으로 '관찰-감정-욕구-요청'의 4단계를 제안했습니다. 이는 상대방을 비난하거나 공격하지 않고, 상황을 객관적으로 바라본 뒤 내 감정과 욕구를 솔직하게 표현하고, 그 뒤에 구체적인 부탁을 하는 방식입니다.

미영 씨는 매년 명절 때마다 홀로 모든 일을 책임지곤 했습니다. 올해도 어김없이 시어머니는 "이번 추석도 우리 며느리가 알아서 다 할 수 있지?" 하고 묻습니다. 그때 미영 씨는 이렇게 대답했습니다. "어머니, 제가 할 수 있는 일은 최선을 다해볼게요. 그런데 이번엔 몸이 좀 힘들어서요. 몇 가지는 도움을 받을 수 있을까요? 장 보는 건 제가 할 테니까, 음식 준비는 어머니와 같이 하면 어떨까요?"

이 대화가 빛나는 이유는 명확합니다. 미영 씨는 상대의 기분을 상하게 하지 않으면서도 자신의 경계를 분명히 세웠습니다. 상대방을 존중하면서 동시에 자신의 입장과 한계를 명확히 표현한 것이지요. 타인의 요구에 무조건 순응하거나 감정적으로 폭발하는 대신, 자신의 욕구와 상대의 권리를 동등하게 다루는 이런 방식의 소통은 단순한 기술이 아니라, 깊이 있는 인간적 철학을 바탕으로 합니다.

고든 램지의 방식이 상대를 굴복시키고 자신의 우위를 드러내는 데 초점을 맞춘다면, 존중적 단호함은 갈등을 해결하고 관계를 더 나은 방향으로 이끄는 데 주력합니다. 상대를 몰아세워 당장의 결과를 얻을 수는 있겠지만, 장기적으로 신뢰는 사라지고 관계는 상처를 입습니다. 반면 존중적 단호함은 시간이 걸리더라도 지속 가능하고 건강한 관계를 만들어갑니다.

일상에서 시작하는
품격 있는 소통

지금 우리 사회에서는 흥미로운 세대 간 변화가 일어나고 있습니다. 젊은 세대는 솔직한 표현을 중요하게 생각하며 "솔직한 게 좋은 거 아니야?"라며 자신의 감정과 생각을 직설적으로 표현하는 경향이 많습니다. 반면 기성세대 중에는 그동안 쌓아두었던 억눌린 감정이 어느 순간 폭발하거나, 오히려 조용히 관계를 정리해버리는 방식으로 표출되는 경우가 종종 있습니다. 그러나 중요한 건 어떤 세대든 각자의 가치와 표현 방식에 나름의 의미가 있다는 것입니다.

여기서 진짜 주목해야 할 부분은 이 두 가지 가치가 꼭 대립하는 것이 아니라 서로 조화를 이룰 수 있다는 점입니다. 바로 이 지점에서 '존중적 단호함'이라는 소통 방식이 빛을 발합니다. 전통적인 예의와 현대적인 자기 표현을 동시에 충족시키는, 새로운 소통의 가능성을 보여주는 것이죠.

주위를 살펴보면, 무례하지 않으면서도 분명히 자기 목소리를 내는 사람 곁에는 늘 건강한 관계들이 자리 잡고 있음을 알 수 있습니다. 이들은 자신의 경계를 분명히 하면서도 상대방을 진심으로 존중할 줄 알기 때문입니다.

무례하지 않으면서 단호해지는 것은 하루아침에 익히기는 어렵습니다. 하지만 아주 사소한 일상 속에서부터 충분히 연습할 수 있습니다. 카페에서 주문한 음료가 잘못 나왔을 때 정중하게 바꿔달라고 요청하거나, 식당에서 다른 음식이 나왔을 때 부드럽게 말하는 것부터 시작해볼 수 있습니다. "죄송한데 제가 주문한 건 아메리카노였는데요." 이런 작은 표현을 자연스럽게 사용하는 것부터 시작해서 점점 중요한 상황에서도 당당하게 자신의 목소리를 낼 수 있게 됩니다.

이런 연습을 실제로 해본 사람들은 처음엔 "이렇게 말해도 될까?" 하는 두려움이 있었다고 합니다. 하지만 막상 존중적 단호함으로 상대와 대화해보니 예상과 달리 상대가 긍정적으로 반응해 오히려 관계가 더 좋아졌다고 고백합니다.

무례하지 않은 단호함의 본질은 관계에 대한 인식을 바꾸는 것입니다. 관계를 일방적인 희생이나 강요의 장으로 보지 않고, 서로가 자신의 경계를 존중하면서 함께 성장할 수 있는 소중한 공간으로 여기는 태도입니다.

오늘 내가 건넨 말이
내일의 관계를 결정한다

초등학교 시절을 떠올려보면 친구와 싸웠던 이유들이 참 소소했습니다. "네가 내 연필 가져갔잖아! 네가 먼저 밀었어!" 그 시절 우리의 갈등은 분명한 사건, 구체적인 문제 때문이었습니다. 하지만 어른이 된 지금은 다릅니다. "넌 항상 그런 식이야. 정말 이기적이네." 이제 우리는 사건이 아닌 사람 자체를 문제 삼게 되었습니다.

어릴 때는 '무엇 때문에' 싸웠지만, 성인이 되어선 '누가 옳은지' 때문에 싸웁니다. 어린 시절의 싸움은 단순하고 솔직했습니다. 겉과 속이 똑같았고, 쉽게 싸우고 쉽게 화해했습니다. 하지만 어른의 갈등은 다릅니다. 겉으로는 "괜찮아, 이해해"라며 성숙한 모습을 보이지만, 내면 깊숙이 상처가 꽁꽁 얼어붙어 남아 있습니다. 그 얼음 조각들이 관계에 서서히 균열을 만들어냅니다.

이런 변화는 결코 우연이 아닙니다. 지금껏 들어온 말들이 우리 내면에 깊숙이 자리 잡아 세상을 바라보는 나만의 렌즈를 만들어왔기 때문입니다. 그리고 내가 하는 말들은 고스란히 관계 속에서 살아 움직이며 앞으로의 삶을 결정짓는 역할을 합니다. 언제부터 우리의 말은 이토록 무거운 책임을 지게 되었을까요?

한마디 말이 결정하는
관계의 운명

좋은 말 백 마디가 쌓아 올린 신뢰를 단 한마디의 나쁜 말이 허물어뜨릴 수 있습니다. 이것은 단지 속담이나 과장이 아니라 뇌과학에서 입증된 사실이기도 합니다. 뇌과학에서는 이를 '부정 편향(negativity bias)'이라 부릅니다. 우리 뇌는 진화 과정에서 위험한 상황을 빨리 알아채고 반응해야 생존할 수 있었기에 긍정적인 정보보다는 부정적인 정보를 더 강력히 기억하고 반응하게 설계되었습니다. 하지만 현대 사회의 인간관계에서는 이 본능적 반응이 때로는 치명적인 약점이 되기도 합니다.

20년 넘게 우정을 쌓아온 친구들이 있었습니다. 힘든 시간을 함께 견뎌내고 서로의 비밀을 공유하며 신뢰를 키워왔지만, 어느 날 아주 사소한 의견 차이로 한 친구가 화를 참지 못하고 내뱉습니다. "너는 항상 생각하는 게 그렇더라. 항상 주변 탓을 하면서 본인 잘못한 거는 하나도 모르더라." 이 단 한마디가 긴 우정의 종말을 고하는 신호탄이 되어버렸습니다.

반면 매일 아침마다 "고마워"라는 말을 습관처럼 주고받은 부부도 있습니다. 작은 일에도 서로 감사를 표현하며 살았습니다. 그렇게 30년을 넘게 살아온 이 부부는 지금도 서로를 바라보는 눈길이 한없이 따뜻합니다. 앞서 이야기한 신경가소성이 여기서도 작동합니다. 긍정적인 언어가 반복될수록 관계에 대한 신뢰와 애정이 깊어지지만, 부정적인 언어가 자꾸 반복되면 서로에 대한 경계와 방어막만 점점 높아지게 됩니다.

상처받은 마음이
선택하는 관계

우리가 종종 놓치는 중요한 진실이 있습니다. 우리는 모두 누군가에게는 '듣는 사람'이며, 또 다른 누군가에게는 '말하는 사람'이라는 사실이지요. 누군가에게 들었던 말은 내 안에서 살아 숨 쉬며 내 세계를 만들어가고, 내가 내뱉은 말들은 다시 관계 속에서 살아 미래를 그려갑니다.

상처가 되는 말을 자주 듣고 자란 사람들의 내면을 조심스레 들여다보면, 거기에는 여전히 생생하게 메아리치는 목소리들이 가득합니다. "너는 왜 그것밖에 못하니? 너는 못난 아이야. 남들은 다 잘하는데 너는 왜 그래?" 40년, 50년이 흐른 뒤에도 그 목소리들은 사라지지 않고 마음 깊은 곳에서 끊임없이 속삭입니다.

이런 말들이 내 안에 살게 되면, 세상을 보는 시선마저도 왜곡됩니다. 세상의 옳고 그름이나 아름다움, 풍요로움보다는 '이 사람이 나에게 나쁜 말을 하는가 안 하는가'가 모든 판단의 기준이 됩니다. 상처 입지 않는 것이 인생의 가장 큰 목표가 되어버리는 것이지요.

그 결과 그들은 성장보다는 생존에만 모든 힘을 쏟게 됩니다. 누군가 "이렇게 하면 더 좋지 않을까?"라고 선의의 조언을 건네도, 마음속에서는 "나는 무능한 존재구나"라는 자기 비하로 해석하고 맙니다. 어린 시절 들었던 부정적인 말들이 내면에 뿌리내리고 현실을 바라보는 렌즈를 형성해버렸기 때문입니다.

특히 자기중심적이고 이기적인 부모 아래에서 자란 이들은 더욱 복잡한 감정의 얽힘을 겪습니다. 부모의 과도한 기대와 그 기대에 부응하지 못했을 때 반복된 인격 부정은 그들을 깊은 죄책감에 빠지게 만듭니다. 한 번도 투정을 부리거나 응석을 부리지 못했던 탓에, 자신의 어려움을 표현하는 것조차 서툴러집니다. 이렇게 왜곡된 시선으로 세상을 바라보면, 관계를 선택하는 기준마저 흔들립니다. 진짜 나를 성장시켜줄 사람보다 내 결핍을 달래줄 사람을 가까이 두게 되고, 결국 건강하지 못한 관계를 형성합니다.

메아리는
끝이 없다

우리는 종종 너무나도 분명한 사실을 놓치곤 합니다. 여러분이 오늘 하는 말은 누군가의 마음에 들어가 그 사람의 세상을 조금씩 만들어 간다는 사실입니다. 가령 동료에게 "그것도 못해?"라고 말하면 그 말은 동료의 마음속 깊이 들어가 자존심을 조금씩 갉아먹을지도 모릅니다. 10년 후 그가 새로운 일을 시작할 때마다, 여러분이 던진 말을 떠올리며 주춤해할지도 모르죠. 반대로 "같이 살펴볼까요?"라고 말하면 그는 자신감을 얻고, 당신을 신뢰하게 될 것입니다.

특히 부모나 교사, 상사처럼 타인의 삶에 큰 영향을 주는 자리에 있는 사람들에게는 더욱 조심스럽고 중요한 문제입니다. "넌 정말 똑똑한 아이야"라는 말과 "넌 노력하는 모습이 정말 보기 좋아"라는 말은 비슷해 보이지만, 사실 전혀 다른 정체성을 만듭니다. 전자는 실패에 대한 두려움을 키우는 고정적 사고방식을, 후자는 도전을 기꺼이 받아들이는 성장형 사고방식을 자라게 합니다.

1968년, 하버드대학교의 로버트 로젠탈(Robert Rosenthal) 교수는 유명한 실험을 통해 이를 증명했습니다. 연구진은 무작위로 선발한 학생들을 교사들에게 소개하며 "이 아이들은 앞으로 성적이 크게 향상될 거예요"라고 알려주었습니다. 놀랍게도 실제 학생들의 지능과는 관계없이, 교사의 긍정적인 기대만으로 학생들의 성적은 실제로 향상되었

습니다. 교사의 긍정적 기대가 학생 안에 숨겨진 잠재력을 깨운 것이
지요. 이를 우리는 '피그말리온 효과(pygmalion effect)'라고 부릅니다.

하지만 말에는 반대의 힘도 있습니다. 사회학자 하워드 베커(Howard
S. Becker)는 낙인 이론(labeling theory)을 통해 부정적인 말이 얼마나 큰 상
처를 주는지 보여줍니다. "너는 문제아야"라는 낙인이 반복적으로 내
면에 새겨지면, 그 아이는 그 말을 자기 정체성으로 받아들여 실제로
문제 행동을 반복하게 됩니다. 말이 현실을 만들어버리는 것입니다.

결국 자신이 세상을 보는 렌즈부터 점검해봐야 합니다. "나는 사람
을 판단할 때 가장 먼저 무엇을 보는가?" 혹시 나에게 좋은 말만 해주
는 사람을 곁에 두고 있는지 한 번쯤 되돌아볼 필요가 있습니다. 또
한 관계를 맺을 때의 기준도 새롭게 세워야 합니다. 내 결핍을 단순
히 채워주는 사람이 아니라, 내 성장을 도와줄 수 있는 사람들과 관
계를 쌓아가야 합니다.

들은 말은 내 안에서 오래 살아갑니다. 내가 한 말도 상대에게 오래
남습니다. 말은 사람과 사람 사이를 끝없이 오갑니다. '이 말이 상대
방의 마음속에 들어가 어떤 모습으로 살게 될까?' 어떤 말을 꺼내기
전에 잠시 멈춰서 스스로에게 물어보시길 바랍니다.

내가 바뀌면,
말이 바뀌고,
관계가 바뀐다

솔직히 말하면, 이 책의 마지막 장을 쓰는 게 가장 어려웠습니다. 프롤로그에서 이야기했던 그 환자가 자꾸 떠올랐습니다. "너는 원래 그런 애잖아"라는 한마디에 10년 우정이 끝났고, 그 말이 다른 모든 관계로 번져가던 스물여섯의 그녀. 그때는 한마디 말이 가진 파괴력에 주목했습니다.

하지만 여러 달을 함께하면서 보인 건 다른 것이었습니다. 그 말이 뿌리를 내린 토양, 그녀가 자기 자신에 대해 원래 품고 있던 불안. 말은 빈 곳에 상처를 만드는 것이 아니라, 이미 아픈 곳을 정확하게 누릅니다.

그녀는 여러 달에 걸쳐 진료실을 찾아왔습니다. 처음에는 그 친구에 대한 이야기만 했습니다. 점점 이야기의 범위가 넓어졌습니다. 직장 동료가 무심코 던진 말, 부모님이 어릴 적에 자주 했던 말, 연인이 다투다가 내뱉은 말. 그녀의 안에는 수많은 말이 쌓여 있었습니다. 말하는 사람은 다 달랐지만, 그 말들이 가리키는 곳은 하나였습니다. '너는 부족한 사람이야.'

그런데 어느 날, 그녀가 조금 달라져 있었습니다. 무슨 일이 있었냐고 물었더니, 별것 아닌 이야기를 꺼냈습니다. 직장에서 후배가 실수를 해서 자기에게 사과했는데, 예전 같으면 "괜찮아, 신경 쓰지 마"라고 넘겼을 거라고 합니다. 그런데 그날은 달랐습니다. 잠깐 멈추고 나서 이렇게 말했다고 합니다. "많이 당황했겠다. 나도 그런 적 있어." 후배가 잠깐 멈칫하더니, 얼굴에서 긴장이 풀렸다고 합니다.

"선생님, 제가 그런 말을 할 수 있는 사람이었어요?" 그녀가 물었을 때, 저는 고개를 끄덕이는 대신 잠시 아무 말도 하지 않았습니다. 그 침묵이 제 대답이었습니다. 당신은 처음부터 그런 말을 할 수 있는 사람이었다고. 다만 닫혀 있던 마음이 열리면서, 자기 안에 이미 있던 따뜻한 말이 비로소 밖으로 나올 수 있게 된 것이라고.

이 책을 쓰는 동안 저도 바뀌었습니다. 솔직히 말하면, 바뀌었다기보다는 멈추는 횟수가 늘었습니다. 진료실에서 환자의 이야기를 듣다가 "그건 이런 뜻이에요"라고 해석을 꺼내려던 순간, 입을 다물게 되었습니다. 내가 지금 해석하려는 것이 환자의 마음인가, 아니면 나 자신의 해석인가. 그 구분이 예전보다 선명해졌습니다.

집에서도 그랬습니다. 가까운 사람에게 "그렇게 하면 안 되지"라고 말하려다가, 그 말이 어떻게 들릴지를 먼저 생각하게 되었습니다. 그러면 대부분 그 말은 입 밖으로 나오지 않았습니다. 대신 잠깐의 침묵이 생겼고, 그 침묵 속에서 상대가 먼저 말을 꺼내는 일이 생기기 시작했습니다. 이 책을 쓰면서 한 가지가 분명해졌습니다. 정작 제가 말의 힘을 가장 자주 체감하는 곳이 진료실이 아니라 일상이었다는 것입니다.

어느 날 저녁, 아이가 식탁에 앉아 숙제를 하고 있었습니다. 연필을 잡았다 놓았다를 반복하더니, 결국 저를 올려다봤습니다. "엄마, 이거 모르겠어요." 예전의 저라면 아마 이렇게 말했을 겁니다. "집중 좀 해봐. 아까 설명했잖아." 맞는 말이긴 합니다. 하지만 그날은 이 책을 쓰던 중이었고, 하루 종일 '멈춤'에 대해 생각하던 중이었습니다. 저도 모르게, 평소와 다른 말이 나왔습니다. "어디에서 막힌 거야?"

몇 초 동안 아이가 저를 올려다봤습니다. 그러더니 말했습니다. "여기까지는 했는데, 이다음부터 모르겠어요." 예전에는 들을 수 없었던 말이었습니다. 제가 먼저 "집중 좀 해"라고 말해버리면 아이는 입을 닫았을 테니까요. 핀잔 대신 질문을 건네자, 아이가 스스로 자기 상태를 말할 수 있는 공간이 생겼습니다.

식탁 위에 놓인 연필 하나, 반쯤 푼 숙제 한 장 그리고 질문 한마디. 거창한 장면이 아닙니다. 하지만 그 저녁 이후로 저는 확신하게 되었습니다. 말의 힘은 거대한 선언에 있지 않습니다. 저녁 식탁에서, 마트 계산대 앞에서, 잠들기 전 이불 속에서, 하루에도 수십 번 오가는 그 사소한 문장들에 있습니다. 우리는 무심코 던지지만 받는 사람은 무심하게 받지 못합니다. 그 문장들이 상대방의 하루를 만들고, 쌓여서 관계를 만들고, 더 쌓여서 그 사람의 정체성을 만듭니다.

그래서 이 책을 쓰는 내내 저 자신에게 가장 많이 한 질문이 이것이었습니다. '나는 오늘 누구에게 어떤 말을 남기고 왔는가.' 대단한 질문이 아닙니다. 하지만 이 질문을 품고 하루를 보내는 것과 그렇지 않은 것은, 하루가 끝날 때의 마음 온도가 다릅니다. 그리고 그 질문이 결국 이 책의 마지막 그림으로 저를 데려왔습니다. 이 책을 읽으신 분들에게 하나의 그림을 남기고 싶습니다.

우리가 바꿀 수 있는 것은 상대가 아니라, 내가 건네는 말의 첫 한마디뿐입니다. 그런데 그 한마디가 바뀌면, 놀랍게도 돌아오는 말도 바뀝니다. 내 모습이 바뀌면, 내가 건네는 말이 바뀝니다. 말이 바뀌면, 관계가 바뀝니다. 이것이 이 책이 처음부터 끝까지 하고 싶었던 이야기입니다.

오늘 저녁, 집에 돌아가서 가장 가까운 사람의 얼굴을 한번 보면 어떨까요? 아무 말 없이 그 사람이 오늘 하루 어떤 표정으로 살았는지, 그냥 바라봐주면 어떨까요? 그리고 가능하다면 당신이 아직 하지 못한, 그러나 오래전부터 하고 싶었던 그 말 한마디를 건네보면 어떨까요? 이 책이 당신에게 건네는 단 하나의 연습입니다.

KI신서 16172
멈출수록 관계가 살아나는 말 심리

1판 1쇄 인쇄 2026년 3월 23일
1판 1쇄 발행 2026년 4월 3일

지은이 전미경
펴낸이 김영곤
펴낸곳 ㈜북이십일 21세기북스

출판부문 출판2본부장 윤서진
인생명강팀장 박강민 **인생명강팀** 권혜지 조혜진
디자인 박은정
마케팅팀 유진선 이수진 김설아
마케팅영업부문 정지은
영업팀 김지율 강경남 김도연
e-커머스팀 장철용 명인수 황성진
제작팀 이영민 권경민
출판등록 2000년 5월 6일 제1406-2003-061호
주소 (10881) 경기도 파주시 회동길 201 (문발동)
대표전화 031-955-2100 **팩스** 031-955-2151 **이메일** book21@book21.co.kr

ISBN 979-11-7357-872-4 03180

(주)북이십일 경계를 허무는 콘텐츠 리더

21세기북스 채널에서 도서 정보와 다양한 영상자료, 이벤트를 만나세요!
페이스북 facebook.com/jiinpill21   포스트 post.naver.com/21c_editors
인스타그램 instagram.com/jiinpill21   홈페이지 www.book21.com
유튜브 youtube.com/book21pub

과학

김범준 저 | 『내가 누구인지 뉴턴에게 물었다』
김민형 저 | 『역사를 품은 수학, 수학을 품은 역사』
장이권 저 | 『인류 밖에서 찾은 완벽한 리더들』

인문/사회

김학철 저 | 『허무감에 압도될 때, 지혜문학』
정재훈 저 | 『0.6의 공포, 사라지는 한국』
권오성 저 | 『당신의 안녕이 기준이 될 때』

고전/철학

이진우 저 | 『개인주의를 권하다』
이욱연 저 | 『시대를 견디는 힘, 루쉰 인문학』
이시한 저 | 『아주 개인적인 군주론』